Kreative Förderspiele im Alltag von 0 bis 6 Jahren

Gerda Pighin

Kreative Förderspiele im Alltag

von 0 bis 6 Jahren

Bibliografische Information der Deutschen Bibliothek
Die Deutsche Bibliothek verzeichnet diese Publikation in der Deutschen Nationalbibliografie; detaillierte bibliografische Daten sind im Internet über http://dnb.ddb.de abrufbar.

Urania Verlag
in der
Verlagsgruppe Dornier GmbH
Postfach 80 06 69, 70506 Stuttgart

www.urania-verlag.de
www.verlagsgruppe-dornier.de

Produktion: Medienprojekte München
Layout, Satz, Illustrationen: Medienprojekte München
Umschlaggestaltung: Behrend & Buchholz, Hamburg
Umschlagbild: Michael Keller/Corbis
Printed in Germany

ISBN 3-332-01859-0
ISBN 978-3-332-01859-2

Inhalt

Erstes Kapitel
Wie sich Kinder entwickeln *11*

Zweites Kapitel
Richtig fördern – worauf es ankommt *23*

Drittes Kapitel
Förderspiele für drinnen 43

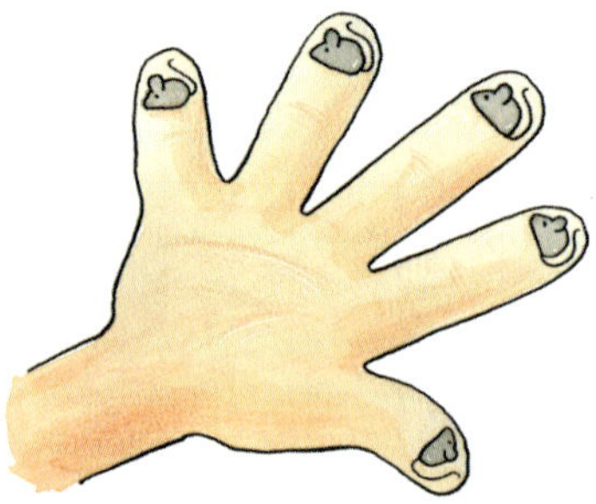

Vorwort

Alle Eltern wünschen sich aufgeweckte, schlaue Kinder, die später einmal erfolgreiche Erwachsene werden sollen. Gleichzeitig haben viele Mütter und Väter ein schlechtes Gewissen, weil ihnen einfach zu wenig Zeit bleibt, um ihre Kleinen gezielt zu fördern. Doch dies muss gar nicht sein. Denn es gibt im Alltag viele Möglichkeiten, den Sohn oder die Tochter in ihrer Entwicklung voran zu bringen. Aufwendige und zeitraubende pädagogische Förderprogramme sind dabei überhaupt nicht nötig. Worauf es hingegen ankommt: Ihr Kind soll aktiv beteiligt werden – an möglichst vielem, was Sie ohnehin tun.

Kinder werden von einer unbändigen Neugier getrieben, haben einen ausgeprägten Forscherdrang und den starken Willen, die Großen nachzuahmen. Bei allem, was sie tun, lernen sie auch. Damit sich neue Erfahrungen und Erkenntnisse wirklich festsetzen, muss und will ein Kind sie immer und immer wiederholen. Zum Beispiel Spielzeug aus dem Bett werfen. Wie klingt die Gummiente? Welchen Ton macht der Baustein? Wer bringt es mir wieder? Oder später: Kann ich den schönen Knall wiederholen, der entsteht, wenn ich der Küchentür einen kräftigen Schubs gebe? Was mag wohl in der Kanne auf dem Tisch sein? Da muss ich doch mal nachsehen. Wäsche in die Waschmaschine – das kann ich auch. Und, und, und ... Dabei sein ist für ein Kind einfach alles.

Im ganz normalen Alltag verbessern Kinder unentwegt ihre körperlichen und geistigen Fähigkeiten – wenn man sie lässt. Dürfen sie überall aktiv mitmachen und den Eltern immer wieder zeigen, was sie schon können, wächst damit ganz spielerisch ihr Selbstbewusstsein, Selbstwertgefühl und ihre Selbstständigkeit – wichtige Voraussetzungen für späteren Erfolg.

Und was haben Sie als Eltern davon, wenn Sie Ihr Kind

in Ihre Alltagsarbeit mit einbeziehen? Sie sparen insgesamt viel Zeit – auch wenn manche Hausarbeit erst einmal etwas länger dauert –, wenn Sie Ihr Kind mitmachen lassen. Als Ausgleich fallen dafür aber viele zusätzliche Spiel- und Förderstunden weg. Ein weiterer Vorteil der alltäglichen Förderung: Sie sind Ihrem Kind sehr nah und bekommen seine Entwicklung intensiv mit, sogar wenn Sie berufstätig sind. Denn es gibt auch nach Feierabend und am Wochenende viele Gelegenheiten, Ihr Kind spielerisch und ganz nebenbei zu fördern.

Sie können Ihr schlechtes Gewissen also getrost ablegen, denn Sie fördern Ihr Kind optimal, wenn Sie es in Ihren Alltag einbeziehen.

Bringen Sie die Geduld auf und beteiligen Sie Sohn oder Tochter, wenn Sie einkaufen, kochen, sauber machen oder Wäsche waschen. Dann haben Sie ein zufriedenes, glückliches Kind, das jede Menge lernt und Sie nicht quengelnd von der Areit abhält oder nervt, weil es sich ausgeschlossen fühlt. Arbeit ist für Kinder das allerschönste Spiel.

In diesem Buch finden Sie dafür viele Tipps und Anregungen sowie Informationen über die Entwicklung Ihres Sprösslings, außerdem Spiele, die Sie ohne großen Aufwand machen können und die Kindern und Eltern sicher Spaß machen.

Gerda Pighin

Erstes Kapitel

Wie sich Kinder entwickeln

Heute weiß man, dass die Entwicklung eines Menschen nie völlig abgeschlossen ist. Denn jeder kann sein ganzes Leben hindurch bis ins hohe Alter lernen. Auch Erwachsene sind in der Lage, neue Fähigkeiten und Fertigkeiten zu erwerben – egal, ob in geistiger, musischer oder körperlicher Hinsicht. Und letztlich läuft dieser Vorgang genauso oder zumindest ziemlich ähnlich ab wie bei Kindern: Man muss etwas Neues selbst ausprobieren und so lange wiederholen – also üben –, bis es sitzt. Es reicht keineswegs aus, wenn man nur erklärt bekommt, wie es richtig geht.

Die Anlagen Ihres Babys

Alle Fähigkeiten und möglichen Talente, die Ihr Kind später im Leben auszeichnen können, schlummern gleichsam von Anfang an im Verborgenen in Ihrem Kind. Es gilt, sie mit wachsamen Augen auch wirklich zu erkennen und von Beginn an entsprechend zu fördern.

Kinder bringen bereits viele Anlagen mit auf die Welt. Sie verfügen über genetische Programme, die ihnen erlauben, alle denkbaren Fähigkeiten zu erwerben. Aber sie brauchen auf vielen Gebieten auch andere Menschen, die ihnen dabei helfen, ihre Anlagen optimal zu entwickeln. Im Idealfall sind dies liebevolle Eltern, die sie fördern, aber nicht überfordern, die ihnen Anregungen geben, sie aber auch Fehler machen lassen, die sich über jede neue Entwicklungsstufe freuen, aber nicht enttäuscht sind, wenn mal ein Schritt etwas länger braucht. Und seien wir doch ganz ehrlich: Uns Erwachsenen fällt es auch leichter, etwas Neues zu lernen – etwa bei einer beruflichen Fortbildung –, wenn es uns verständlich erklärt wird, wenn wir Übungsmöglichkeiten haben und unsere „Lehrer“ uns zutrauen, dass wir es lernen können. Für Kinder sind diese Bedingungen sogar überaus wichtig.

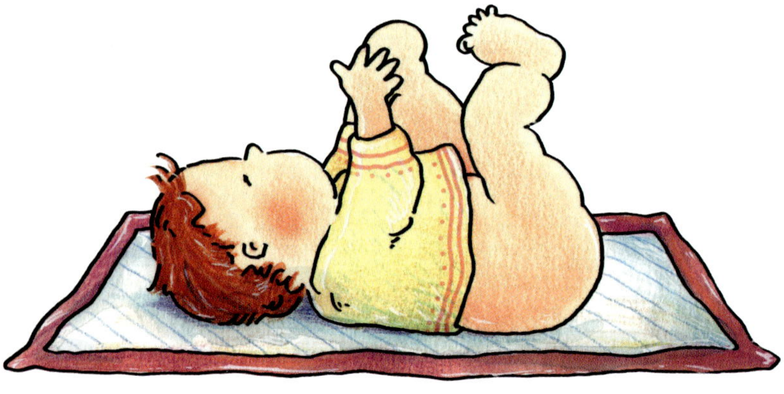

Überlebensnotwendig: Sinne und Reflexe

Jedes Neugeborene ist mit einem ausgeklügelten Überlebenspaket ausgestattet. Alle seine Sinne – Riechen, Hören, Schmecken, Sehen und Tasten

– funktionieren. Wobei der Tastsinn am weitesten entwickelt ist. Insbesondere Lippen, Zunge und Gaumen, also die gesamte Mundregion, sind mit zahlreichen Tastsinneszellen ausgestattet. Darüber bekommt schon ein Neugeborenes intensive und wichtige Informationen über seine Umwelt. Dieser „Vorsprung" des Tastsinns hält die ganzen ersten Lebensjahre an. Daher steckt jedes Baby und Kleinkind alles zuerst in den Mund: Es will einfach genau wissen, was es ist.

Auch riechen kann ein Neugeborenes schon sehr gut. Wie Wissenschaftler herausgefunden haben, erkennt es seine Mutter nach der Geburt in erster Linie am Geruch. Der um ein Vielfaches empfindlichere Geruchssinn als bei Erwachsenen hat zur Folge, dass Babys und Kleinkinder beim Essen oft sehr wählerisch sind.

Der Geschmackssinn ist anfangs auf mild und süß geprägt (wie die Muttermilch). Das schützt den kleinen Menschen sicher davor, etwas zu essen oder zu trinken, was seinem noch unreifen Verdauungssystem schaden könnte.

Das Sehen entwickelt sich im Laufe des ersten Lebensjahrs. Neugeborene sind zwar nicht blind – wie früher manchmal angenommen wurde –, doch sie sehen vermutlich nur in allernächster Nähe scharf. Diese Einschränkung bewahrt sie perfekt vor frühzeitiger Reizüberflutung.

Eine Reihe von Reflexen wie der Saug-, Schluck-, Atem-, Greif- oder Klammerreflex schützt das Kleine vor Gefahren und vor dem Verhungern. Einige der Reflexe verschwinden im Lauf der ersten Lebensmonate wieder, ja sie müssen sogar verschwinden, damit sich das Kind optimal entwickeln kann. So zum Beispiel der Schreitreflex: Neugeborene machen Schreitbewegungen mit den Füßen, wenn man sie auf eine feste Unterlage stellt. Auch der Greifreflex verliert sich allmählich: Kitzeln Sie ein Neugeborenes an der Handfläche, schließt es automatisch die Hand zur Faust. Bei unseren Vorfahren (und heute noch Verwandten) mit Fell garantierte dieser Reflex, dass das Baby seine Mutter nicht verlieren konnte – es hat sich automatisch festgekrallt. Verschwände der Reflex jedoch nicht, könnte ein Baby nie gezielt und bewusst greifen lernen.

Wichtig: Gehirn und Nervensystem

Von zentraler Bedeutung für die Entwicklung und das Lernen ist das Nervensystem, zu dem auch das Gehirn gehört. Bereits vor der Geburt sind wichtige Verbindungen vorhanden, etwa die zu den Organen. Im Gehirn, wo Gelerntes verankert werden muss, gibt es bei der Geburt bereits zahlreiche Nervenzellen mit unendlich vielen „losen Enden". Diese werden bei jedem Lernvorgang auf

Ihr Baby vertraut Ihnen vollkommen

Hoch hinaus: Von Mutter oder Vater hochgeworfen und wieder aufgefangen zu werden, entzückt fast alle kleinen Kinder. Aber es ist nicht nur ein schönes Spiel, es schult gleichzeitig den Gleichgewichtssinn und das Vertrauen – zum einen zu Vater und Mutter, die das Kleine sicher wieder auffangen, zum anderen auch in die Fähigkeiten des eigenen Körpers. Zeigt Ihr Kleines bei diesem Spiel Angst oder weint es, dann warten Sie noch damit.

ganz bestimmte Weise miteinander verbunden. Im ersten Lebensjahr verdreifacht der entsprechende Bereich im Gehirn seine Größe. Auch später wächst er noch weiter, indem die (bereits vorhandenen) Nervenzellen zahlreiche Fortsätze, Verbindungen und Kontaktstellen ausbilden. Diese „Schaltungen“ stabilisieren sich, wenn sie genutzt werden – durch Lernen. Was nicht gebraucht wird, wird mit der Zeit wieder abgebaut. Das mag ein Grund dafür sein, warum es Erwachsenen meist erheblich schwerer fällt, etwas Neues zu lernen, als Kindern. Sie müssen erst neue Voraussetzungen für Vernetzungen im Gehirn schaffen. Bei den Kleinen sind sie schon da.

Gesteuert werden diese Vorgänge von genetischen Programmen. Sie laufen ab, ohne dass man viel dazu tun muss. Vieles lernt das Kind ganz automatisch. Niemand muss es ihm zeigen.
Zur genetischen Grundausstattung gehört offensichtlich das Laufenlernen. Anthropologische Forschungen bei verschiedenen Völkern zeigten, dass alle gesunden Kinder dieser Erde irgendwann im zweiten Lebensjahr laufen lernen – egal, ob sie dazu ermuntert werden wie bei uns oder daran eher gehindert werden wie bei manchen Völkern, bei denen Babys bis zum 2. oder 3. Geburtstag getragen oder – wieder bei anderen – fest gewickelt werden.

Bei diesen Untersuchungen stellte sich ebenfalls heraus, dass kulturell notwendige Fähigkeiten wie Treppensteigen oder Reiten nicht mehr zum angeborenen Grundlagenprogramm gehören. Je nachdem, was fürs Überleben wichtiger ist, lernt ein Kind erst das eine oder das andere. Aber dazu braucht es das Vorbild und die Anleitung der Umgebung.

Für Mütter und Väter ist dies überhaupt kein Problem. Sie haben in aller Regel ganz spontan und intuitiv den Impuls, ihr Baby dabei zu unterstützen, sich in seiner Umwelt vorwärts zu bewegen. Und das Baby zeigt von sich aus, was es will – zum Beispiel an den Händen von Papa durch die Wohnung stapfen.

Kinder brauchen liebevolle Anregung

Egal, ob ein Programm automatisch abläuft oder ob das Kind zur Entwicklung Anregung, Anleitung und Vorbilder braucht – etwas ist auf jeden Fall unverzichtbar: eine Umgebung, die es in seiner Entwicklung unterstützt und nicht behindert. Es muss geliebt, gefüttert und gepflegt werden. Und egal, was angeboren, was gelernt und was umweltbedingt ist, Eltern tun das Beste für ihr Kind, wenn sie auf seine Bedürfnisse achten und seine Entfaltung sanft fördern.

Welche Folgen die Vernachlässigung eines Kindes nach sich zieht, hat auf schrecklich eindrucksvolle Weise ein berühmtes historisches Experiment bewiesen, das Kaiser Friedrich II., der Staufer, veranlasste. Um herauszufinden, ob die Menschen eine „Ursprache“ haben, gab er eine Reihe von Neugeborenen in die Obhut von Ammen. Diesen war es streng untersagt, mit den Säuglingen zu sprechen; sie durften nicht einmal lächeln oder irgendeine freundliche Regung zeigen. Lediglich füttern und sauber machen war ihnen erlaubt. Das grausame Experiment schlug in jeder Hinsicht fehl: Durch die lieblose Behandlung sind alle Kinder bereits im ersten Lebensjahr gestorben.

Heute weiß man, dass ein Baby vor allem anderen am meisten die liebevolle Zuwendung seiner Eltern oder nächsten Bezugspersonen dringend zum Überleben braucht.

Vorbilder für eine gute Entwicklung

Kennen Sie das? Sie schauen einem wenige Wochen alten Baby in die Augen. Dann öffnen Sie Ihren Mund und strecken die Zunge heraus. Was passiert? Es wird nicht lange dauern und der Winzling streckt auch Ihnen die Zunge heraus. Das ist zwar noch keine bewusste Nachahmung, sondern eher eine Art Reflex. Aber es zeigt doch, dass das Baby intensiv auf Sie reagiert.

Für einen großen Teil unserer Fähigkeiten bekommen wir zwar die Anlagen mit auf die Welt. Doch für ihre Entwicklung brauchen wir

Viele Signale gehen vom Kind aus

Man muss ein Baby einmal in aller Ruhe beobachten. Es ist wirklich faszinierend, wie bereits die Allerkleinsten versuchen, mit ihrer Umwelt Kontakt aufzunehmen. Dafür haben sie viele Ausdrucksmöglichkeiten – die allerdings von der Umwelt oft nicht wahrgenommen werden, weil sie sehr zart sind.

Mit Blicken, Mimik, Bewegungen, Strampeln versucht das Kleine auf sich aufmerksam zu machen. Bringt dies keinen Erfolg, werden erst kleine, leise Töne produziert und schließlich geschrieen.

Grimassen schneiden gehört zum Spiele-Repertoire aller Eltern mit Babys. Später macht es auch den größeren Kindern Spaß. Es sieht so lustig aus und manchmal kann man andere sogar ein bisschen damit ärgern.

Vorbilder. So hat jedes gesunde Neugeborene die Voraussetzung zu sprechen. Ja, es ist sogar in der Lage, jede Sprache dieser Erde zu lernen. Dafür muss es noch nicht einmal extra angeleitet werden. Aber es braucht Vorbilder, an denen es sich orientieren kann. Denn ohne Menschen, die liebevoll mit ihm sprechen, würde diese Anlage verkümmern. Es würde niemals sprechen lernen.

Dies belegen verschiedene Beispiele aus den vergangenen Jahrhunderten von so genannten Wilden Kindern, die von Tieren – meist Wölfen, aber auch Affen, Schafen oder Gazellen – aufgezogen wurden oder ohne jeglichen menschlichen Kontakt allein in der Einsamkeit lebten. In allen Fällen konnten die Kinder nicht sprechen, als sie aufgefunden wurden, und sie lernten im Laufe ihres meist kurzen Lebens trotz aller Bemühungen nur wenige Worte.

Das Kind muss nachahmen

Neben der liebevollen Zuwendung braucht ein Kind in allen Bereichen seines Lebens Vorbilder. Es ist von Beginn an ein soziales Wesen. Es nimmt mit Blicken, Gesten, Mimik, Weinen (Säuglinge) oder Worten (ältere Kinder) Kontakt auf. Es beobachtet, fragt, ahmt nach, kopiert, was es sieht und erlebt. Anfangs erfolgt dies eher automatisch, wie beim Baby, das die vorgeführten Grimassen nachahmt. Später, etwa ab dem 7./8. Monat wollen die Kleinen möglichst alles nachmachen, was die Mutter tut. Sie kennen das: Beim Essen möchte das Kleine den Löffel selbst in die Hand nehmen, es versucht nach dem Wohnungsschlüssel zu greifen, wenn man nach dem Spaziergang nach Hause kommt, und es grabscht einfach nach allem, was nahe genug ist. Etwa mit zwei Jahren wird es für viele Eltern richtig anstrengend. „Kann ich selber", „kann ich auch", „will ich machen" sind die häufigsten Aussprüche des Sohnes oder der Tochter. Es klappt zwar meist noch nicht so ganz (das kann dann schon mal Geschrei geben), aber sie wollen alles selbst tun, was sie bei Eltern, Geschwistern oder anderen Erwachsenen und Kindern sehen.

Das Drei- bis Vierjährige kann vor Zorn geradezu außer sich geraten, wenn es etwas nicht kann oder darf, was es bei anderen gesehen hat. Es ist mit seinem Wollen und seinen geistigen Fähigkeiten oft der körperlichen Entwicklung voraus und wird überaus wütend, wenn es nicht klappt – zum Beispiel ein Bild malen oder die Schuhe binden, den Tisch abräumen oder allein über die Straße gehen (was die Eltern aus Sicherheitsgründen einfach nicht erlauben dürfen). Für Kind und Eltern ist dies eine schwierige Phase. Aber – das ist der Trost – sie geht vorüber.

Fünf- und Sechsjährige schauen sich oft auch schon recht geschickt Dinge von den „Großen" ab, die diese ihnen lieber nicht gezeigt hätten. Kraftausdrücke etwa, kleine „Notlügen" oder wie man sich schminkt oder die

Haare schneidet. Sie hören gut zu, was Erwachsene reden, und bringen mit ihrem neuen Wissen, das sie oft zum ungünstigsten Zeitpunkt laut herausposaunen, ihre Eltern in Verlegenheit („Oma du bist ja schon soooo alt, du blickst einfach nicht mehr durch“).

Bei Schulkindern gilt es sich dann zu rechtfertigen, wenn man „ein schlechtes Vorbild“ gibt: „Bei Rot darf man nicht über die Straße!“ Oder wenn man etwas vom Kind verlangt, was man selbst nicht tut: „Du ziehst Deine Schuhe auch nicht vor der Tür aus, dann muss ich das auch nicht tun. Gleiches Recht für alle“.

Dann kommt es wirklich darauf an, dass man sich als Eltern ab und zu überwindet und sich an die eigenen Regeln hält. Vor allem, wenn es um die Sicherheit des Kindes geht.

Mit gutem Beispiel vorangehen

Das Vorbild der Erwachsenen – am allermeisten der eigenen Eltern – prägt Kinder sehr intensiv und fördert viele ihrer Fähigkeiten. Dabei wirken Vorbilder auf verschiedene Weisen. Einmal beobachten Kinder, wie sich die Großen untereinander verhalten, und ahmen dies nach. Zum anderen erhalten Kinder natürlich reichlich Anregungen durch die Art und Weise, wie die Erwachsenen mit ihnen umgehen.

Wer mit seinem Kind spricht, singt, turnt, bastelt, spielt und schmust, fördert seine Sinne, seine Gehirnentwicklung, seine körperlichen Fähigkeiten und seine soziale Kompetenz. Wer auch für sich selbst etwas tut, an Neuem interessiert ist, Musik mag, ein oder mehrere Hobbys hat, sich gern und viel bewegt, sich selbst und einen Freundeskreis pflegt, mit dem Partner liebevoll und respektvoll umgeht, fördert ebenfalls sein Kind in allen seinen Fähigkeiten. Denn Kinder haben unglaublich leistungsfähige Antennen, mit denen sie alle Signale aus ihrer nächsten Umwelt aufnehmen. Und sie lernen intensiv aus dem Beispiel, das die von ihnen geliebten Erwachsenen geben. Wächst ein Kind in einer Atmosphäre gegenseitigen Respekts auf, wird es auch selbst nicht zum Rüpel.

Verkehrserziehung ist wichtig. Am besten fängt man schon beim Baby an, indem man sich selbst an die Regeln hält und dem Kleinen erklärt, warum man stehen bleibt und wonach man schaut. Das Zwei-, Dreijährige versteht schon ganz gut, was das rote und das grüne Ampelmännchen bedeuten. Gleichzeitig macht es auch die Erfahrung, dass sich andere nicht daran halten. Dann ist es ganz wichtig, dem Kind beizubringen, trotzdem bei Rot stehen zu bleiben.

Anleitung von Anfang an

Natürlich besteht die gesamte kindliche Entwicklung nicht nur aus genetischen Programmen und guten Vorbildern. Wenngleich vieles wirklich wie von selbst geht, brauchen die Kleinen auch Anleitung, Unterstützung und Hilfe, um alle ihre Anlagen optimal entfalten zu können.

Das beginnt gleich nach der Geburt. Abgesehen von Nahrung, Kleidung und trockenen Windeln, braucht das Kleine auch die liebevolle Zwiesprache mit Mutter und Vater. Gewiss, es versteht noch keine Worte. Aber es hört den Klang der Stimme und es nimmt mit seinen feinen Antennen die Stimmung auf. Es spürt, ob es willkommen ist und geliebt wird – an der Art, wie und wie oft mit ihm gesprochen wird, und auch an der Art, wie es getragen wird. Ohnehin spielt ja der Tastsinn, der nicht nur im Mund ist, sondern die gesamte Hautoberfläche betrifft, eine ganz wesentliche Rolle für die gesamte Entwicklung. So haben Wissenschaftler beispielsweise herausgefunden, dass die Intelligenz ebenso wie die emotionalen und sozialen Fähigkeiten damit zusammenhängen, wie gut der Tastsinn ausgebildet ist. Dies ist ein Grund dafür, warum alle Säugetiere ihre Neugeborenen nach der Geburt ausgiebig ablecken. Ein Menschenkind wird heute der Mutter nach der Geburt auf den Bauch gelegt, damit sie es streicheln kann. Danach wird es liebevoll in warmem Wasser gebadet und sanft abgetrocknet, bevor es angekleidet wird.

Streicheln schafft Vertrauen

Ihr Baby fördern Sie also am besten in seiner Entwicklung, indem Sie es häufig streicheln, in den Armen wiegen, mit ihm sprechen und singen. Ganz besonders wichtig in den ersten Lebensmonaten: Lassen Sie Ihr Baby nicht schreien. Es will Sie damit nicht ärgern, sondern hat immer einen Grund dafür. Dazu gehört in diesem Alter auch das Bedürfnis, von Mutter oder Vater herumgetragen zu werden. Denn jetzt wird der Grundstock für Vertrauen gelegt. Vertrauen ist die Voraussetzung für eine gesunde Entwicklung. In den ersten Lebenswochen und Monaten ist es deshalb sehr wichtig, dass die Bedürfnisse des Kindes möglichst schnell erfüllt werden. Es kann noch nicht warten, es hat kein Zeitgefühl. Kommt niemand, obwohl es schreit (übrigens die letzte Möglichkeit, auf sich aufmerksam zu machen, nachdem viele andere Signale davor nichts gebracht haben), kann es kein Vertrauen entwickeln. Es fühlt sich allein, verlassen und entwickelt Angst. Angst aber ist eine echte Lernbremse.

Erste Schritte auf dem Weg zur Selbstständigkeit

Ältere Babys und Kleinkinder entwickeln sich am besten weiter, wenn sie einerseits von den Eltern neue Anregungen erhalten und wenn sie andererseits gleichzeitig in ihren Bestrebungen nach Selbstständigkeit unterstützt werden. So kann ein Baby im zweiten Lebenshalbjahr durchaus schon ein wenig warten (es geht aber immer nur um Minuten!) und muss nicht mehr sofort hochgenommen werden, wenn es „meckert". Im Gegenteil: Jetzt findet es manchmal Möglichkeiten, sich selbst zu trösten – zum Beispiel mit dem eigenen Daumen, den es in den Mund stecken kann, oder mit dem Mobile über dem Bett, das doch ganz interessant aussieht. Lässt man ihm diese Zeit, sprießt und entwickelt sich damit das Pflänzchen Selbstbewusstsein und Selbstständigkeit.

Vertrauen fördert die Entwicklung

Nicht nur Kinder brauchen Vertrauen in die Eltern, um sich optimal zu entwickeln. Auch Mutter und Vater sollten Vertrauen in ihr Kind haben, in seine Kraft, aus seinen Anlagen das Beste zu machen.

Im Klartext heißt das: Zeigen Sie Ihrem Kind, wie etwas geht; zum Beispiel den Pulli anziehen oder den Mantel auf den Haken hängen, mit Messer und Gabel essen, einen Turm aus Bauklötzen bauen, einen Knopf auf oder zu machen, die Hände waschen oder die Treppe hinauf oder herunter gehen ...

Lassen Sie Ihr Kind dann aber allein üben. Vor allem: Lassen Sie ihm Zeit dazu, schimpfen Sie nicht über Fehler, drängen Sie nicht. Haben Sie Vertrauen: Es wird sein Ziel erreichen.

Etwas zeigen und das Kind dann eigenständig machen lassen ist das eine. Das andere: Lassen Sie Ihr Kind auch ausprobieren, wenn es von sich aus an etwas Neues herangeht. Auch wenn dies auf den ersten Blick sehr ungeschickt aussieht, sollten Sie den (verständlichen) Impuls unterdrücken, Ihrem Kleinen unter die Arme greifen zu wollen, nach dem Motto: „Schau mal, ich zeige dir, wie es geht." Denn es ist für ein Kind ein grandioses Gefühl und ein wirklich großer Schritt nach vorne, wenn es etwas ganz alleine geschafft hat. Sie kennen das vielleicht von sich selbst, wenn Sie einmal mit einem Problem – etwa am Computer – konfrontiert waren, niemanden zur Hilfe hatten und schließlich die Lösung ganz allein gefunden haben. Dabei lernt man auch als Erwachsener sehr viel mehr, als wenn man die Lösung „nur" gezeigt bekommt.

Anregungen für die Entwicklung der Sinne

Lassen Sie Ihr Baby und Kleinkind möglichst viel unterschiedliche Materialien fühlen (und schmecken – der Mund ist immer noch das wichtigste Sinnesorgan), betrachten, riechen, hören: unterschiedliche Stoffe, Holz, Stein, Metall, Kunststoff; klingeln, rasseln, plätschern, rascheln. Im Haushalt oder auf dem Spielplatz finden sich unendlich viele interessante Schätze für ein Kind. Natürlich muss auf die Sicherheit geachtet werden. Doch Sie werden erstaunt sein, wie schnell und geschickt Ihr Kind den Umgang mit Dingen des Alltags lernt, wenn Sie ihm dies auch erlauben und zutrauen.

Die Entwicklungs-schritte des Kindes

Eine hübsche Dekoration für die Geburtstagskerzen oder den Geburtstagstisch Ihres Kindes können Sie mit einfachen Mitteln leicht selbst anfertigen:

Jedes Kind ist einzigartig. Jedes Kind entwickelt sich anders und mit einer anderen Geschwindigkeit. Kinderärzte und Psychologen warnen junge Eltern stets davor, ihr Kind mit anderen zu vergleichen. Denn sobald das eigene etwas nicht so gut oder so schnell kann wie das Nachbarskind, spüren Eltern eine Enttäuschung oder Besorgnis. Solche Gefühle sind sehr verständlich, aber leider nicht gut; denn Kinder bekommen sie mit, sie spüren „etwas ist nicht ganz in Ordnung mit mir“ – und das kann sie an der optimalen Entwicklung hindern.

Obwohl Vergleiche nichts bringen und jedes Kind seine eigene Entwicklungsgeschwindigkeit hat, gibt es einen gewissen Rahmen, in dem bestimmte Entwicklungsschritte bei allen Kindern ablaufen. Geschieht dies beim eigenen Kind nicht, sollte geprüft werden, ob noch alles normal verläuft oder ob gezielte „Nachhilfe“ nötig ist. Dafür gibt es übrigens auch die zehn Vorsorgeuntersuchungen (U 1 bis U 9 plus J 1) beim Kinder- und Jugendarzt, die zwischen Geburt und 15. Lebensjahr von den gesetzlichen Krankenkassen bezahlt werden. Dabei wird die körperliche Gesundheit sowie die körperliche, geistige und soziale Entwicklung überprüft.

Das sollte Ihr Kleines können – falls nicht, fragen Sie am besten den Kinderarzt um Rat:

Am Ende des dritten Monats:
Den Kopf aus der Bauchlage heben und eine Minute halten. Aus der Seitenlage auf den Rücken rollen. Dem Spielzeug mit den Augen folgen. Eine Rassel festhalten. Spontan Laute bilden. Wenn es freundlich angesprochen wird, lächeln.

Am Ende des sechsten Monats:
Den Kopf selbstständig und sicher in allen Lagen halten. Mit der Hand gezielt nach etwas greifen. Den Zeh in die Hand nehmen und damit spielen. In der Bauchlage mit gestreckten Armen abstützen. Spielzeug, das herunterfällt, wird nachgeschaut. „Herzliche Zwiesprache“ mit vertrauten Menschen.

Am Ende des neunten Monats:
Länger als eine Minute frei sitzen. Fortbewegung üben (kriechen, rutschen, schlängeln, krabbeln). Gegenstände mit dem Scherengriff (zwischen Daumen und Zeigefinger) ergreifen. Wenn man das Baby an den Händen hält: eine halbe Minute voll auf den Fußsohlen stehen. Die Tasse beim Trinken versuchen selbst zu halten. Abwechslungsreiches „Plap-

pern“, Silbenketten. Lieblingsspiel: Ein Spielzeug fallen lassen oder aus dem Bett werfen und sich freuen, wenn Sie es aufheben. Sie sehen, das ist keine Boshaftigkeit, mit der Ihr Kind Sie ärgern will, sondern ein wichtiger Entwicklungsschritt.

Am Ende des ersten Lebensjahrs:
Mit Festhalten seitwärts an Möbeln entlang laufen. An der Hand ein paar Schritte gehen (vielleicht sogar schon allein). Hinsetzen, mühelos aus dieser Haltung in den Vierfüßlerstand gehen. Es hört auf seinen Namen, spricht selbst Zweiwortsätze wie „Auto da“ oder „Ham-ham“ (für Essen). Macht „winke-winke“ oder „bitte-bitte“. Versteckt gern Spielzeug, will mit Löffel und Gabel essen, lernt aus der Tasse zu trinken.

Am Ende des zweiten Lebensjahres (2. Geburtstag):
Kann frei stehen (etwa mit 15 Monaten) und alleine gehen (mit 18 Monaten). Geht mit Einhalten Treppen hinauf. Isst sicher mit dem Löffel (und mit der Gabel, wenn man es früher schon üben ließ). Fädelt Perlen auf. Sortiert Spielzeug. Klettert auf Sessel und Stühle. Wacht nachts öfter auf und braucht Trost. Spricht verständliche Sätze mit zwei bis drei Wörtern.

Am Ende des dritten Lebensjahres (3. Geburtstag):
Kann auf einem Bein stehen. Springt vom Hocker oder niedrigen Mauern. Isst sicher mit Löffel und Gabel (wenn es üben durfte, auch mit dem Messer). Lernt sich an- und ausziehen, Knöpfe auf- und zumachen. Spielt gerne mit anderen Kindern, erzählt recht flüssig kleine Geschichten, lernt Lieder und Verse auswendig. Fragt viel und wird auch mal zornig, wenn etwas nicht nach seinem Kopf geht. Geht schon manchmal selbstständig zur Toilette oder auf den Topf.

Am Ende des vierten Lebensjahres (4. Geburtstag):
Lernt Rad fahren – am besten mit einem so genannten Laufrad (ohne Pedale und ohne Stützen, das fördert den Gleichgewichtssinn). Kann gut aus etwa 30 Zentimeter Höhe springen und recht sicher klettern. Findet familiäre Zusammenhänge spannend („Wie ist Tante Grete mit mir verwandt?“ „Bist du die Tochter von Oma Anna?“), lernt gerne Lieder und kleine Gedichte, kann eigene Bedürfnisse zugunsten anderer eine Weile aufschieben und auch mal ein paar Minuten warten. Bildet beim Sprechen schon recht komplizierte Sätze, findet Schimpfwörter sehr attraktiv.

Am Ende des fünften Lebensjahres (5. Geburtstag):
Fährt jetzt „richtiges“ Fahrrad, lernt auch schon Rollerblade oder mit Rollschuhen zu fahren (Schutzkleidung ist wichtig). Kann Nägel einschlagen, Schnüre stricken (mit einer Strickliesel), beherrscht komplizierte Verschlüsse. Tobt, klettert und balanciert sicher. Lädt Kinder zu sich ein, bleibt auch ohne Eltern bei Freunden. Quatscht überall mit, fragt, fragt, fragt. Mag Spiele mit Regeln (zum Beispiel Mensch ärgere dich nicht).

Schneiden Sie ein Foto Ihres Kleinen aus und kleben Sie quer einen Streifen darüber, auf dem Sie das jeweilige Alter vermerken. Jedes Jahr kommt so ein neues Schild dazu.

Am Ende des sechsten Lebensjahres (6. Geburtstag):
Kann exakt ausschneiden, Schrauben ein- und ausdrehen, alle Verschlüsse auf- und zumachen. Verliert deutlich das „Babyface“ und die Kleinkindfigur. Bei manchen Sechsjährigen beginnt schon der Zahnwechsel. Freut sich auf die Schule. Will etwas leisten (und dafür gelobt werden). Kann sich längere Zeit auf eine Sache konzentrieren und kennt auch die Zeit – Tag, Stunde, Monat, Jahr (die Zeigeruhr lernt ein Kind allerdings erst später, etwa mit sieben bis acht Jahren). Spielt am liebsten mit anderen Kindern und sehr gern in Gruppen. Schließt enge Freundschaften, kann sehr wütend werden (zweite Trotzphase oder „kleine“ Pubertät). Respektiert die Wünsche anderer. Spricht fast wie die Großen – mit richtiger Grammatik und großem Wortschatz.

Spielen ist mehr als Zeitvertreib

Spielen macht nicht nur Spaß und bietet Abwechslung, sondern ist unverzichtbar, um Ihr Kind in seiner Entwicklung voranzubringen.

Nur Erwachsene machen zwischen Spielen und Arbeiten einen Unterschied. Schade eigentlich, denn wenn wie bei Kindern Spiel gleich Arbeit und Arbeit gleich Spiel ist, macht beides gleichermaßen viel Spaß. Und mit Spaß geht alles nicht nur besser, meist kommt auch mehr dabei heraus.

Bei Kindern auf jeden Fall. Denn für Kinder ist Spielen lebensnotwendig. Beim Spiel entwickelt ein Kind seine Fähigkeiten. Es schult den wachsenden Körper, trainiert Muskeln, Herz, Kreislauf und Organe. Beim Spiel reifen die Sinne des Kindes und vernetzen sich die Millionen von Nervenenden in seinem Gehirn zu einer sinnvollen Struktur. Im Spiel lernt ein Kind nach und nach die Welt der Erwachsenen kennen. Es baut seine sozialen Kompetenzen aus und lernt mit fremden und eigenen Gefühlen umzugehen.

Was wirklich spannend ist: Jedes Spiel wirkt positiv auf das gesamte Kind. Fast alle Spiele fördern nicht nur eine Fähigkeit, sondern immer gleich mehrere. Denn Gehirn, Sinne, Psyche und Körper hängen eng zusammen und stehen in ständiger Wechselwirkung untereinander. So wirkt sich beispielsweise die Ausbildung der Feinmotorik (auffädeln, ausschneiden, zeichnen und schreiben) auf die Fähigkeit zu sprechen aus.

Zweites Kapitel

Richtig fördern – worauf es ankommt

Ein Kind bringt viele gute Anlagen mit auf die Welt. Die Eltern müssen den Rahmen schaffen, in dem es diese Anlagen optimal entwickeln kann. Fördern heißt nichts anderes, als diesen Rahmen zu schaffen. Dabei soll das Kind geführt, aber nicht bevormundet werden. Es soll ge-fordert aber nicht über- oder unterfordert werden. Das kann – muss aber nicht – zur schwierigen Gratwanderung für Eltern werden. Am besten lassen Sie sich von Ihrem Kind führen. Versuchen Sie seine Bedürfnisse wahrzunehmen und darauf einzugehen. Lassen Sie Ihr Kind möglichst viel an Ihrem eigenen Leben teilnehmen. Dann sind Sie auf dem richtigen Weg und auf der sicheren Seite.

Talente fördern oder Schwächen stärken?

Die dreijährige Anna malt gern und für ihr Alter wirklich hübsche Bilder. Basteln oder Ausschneiden sind dagegen gar nicht ihr Ding. Noah, fünf Jahre, ist von Musik völlig fasziniert, trommelt begeistert auf seiner Kindertrommel und übt auf seiner Blockflöte so lange, bis eine Melodie herauskommt. Ansonsten ist er eher ein ruhiges Kind, hat es gar nicht mit Turnen, Klettern oder Toben.

Ein wahrer Wirbelwind ist dagegen die vierjährige Lena. Bei ihr ist immer voller Körpereinsatz angesagt. Aber ihre Mutter kann sie kaum dazu überreden, sich auch mal mit Buntstiften zu vergnügen.

Wie sollen Eltern ihre Kinder fördern? Soll Anna noch mehr Anregung zum Malen bekommen oder ist es besser, sie zum Basteln zu überreden? Steckt in Noah womöglich ein kleiner Mozart, der besonders gefördert werden muss, oder wären für ihn Turnstunden und Spielplatzbesuche günstiger? Müsste Lenas Temperament nicht etwas gebremst werden? Was ist besser, fragen sich viele Eltern: offensichtliche Talente eines Kindes gezielt zu fördern oder den scheinbaren Schwächen mehr Aufmerksamkeit zu schenken?

Richtig ist beides. Kleine Kinder müssen in ihrer Ganzheit gefördert werden. Unterstützen Sie Ihr Kind ruhig in den Bereichen, in denen es besonders geschickt ist. Loben Sie es, aber nicht zu überschwänglich. Viel wichtiger ist, dass Sie sich ernsthaft für das interessieren, was Ihr Kind macht, und dass Sie es nicht kritisieren.

Bieten Sie Ihrem Kind zusätzlich Anregungen in Bereichen, für die es sich weniger interessiert. Je jünger das Kind ist, umso wichtiger ist ein möglichst breit gefächertes Spielangebot, das nicht nur die Stärken, sondern auch die Schwächen Ihres Kindes berücksichtigt. Wichtig dabei: Bieten Sie nur an. Drängen Sie nicht und überreden Sie Ihr Kind nicht. Und: Lob und Anerkennung sind gerade da von großem Förderwert, wo es (noch) nicht so gut klappt.

Bewegung fördert mehr als Körperkraft

Durch Bewegung wird die körperliche Geschicklichkeit geschult. Und durch körperliche Geschicklichkeit reifen viele wichtige Nervenverbindungen im Gehirn. Diese wiederum sind wichtig für geistige Leistungen. Fazit: Kinder, die sich zu wenig bewegen, die keine Gelegenheit zum Toben haben, entwickeln sich auch geistig nicht optimal. Das wirkt sich spätestens in der Schule negativ aus.

Zu den größten Problemen bei der Entwicklung von Kindern gehört heutzutage der Bewegungsmangel. Zu wenig Bewegung führt nicht nur zu schlechter Haltung, Rückenproblemen und Übergewicht. Die Bewegung des Körpers ist für die gesamte Entwicklung von größter Bedeutung.

Körperliche Aktivität trägt maßgeblich zur Vernetzung der Nervenzellen im Gehirn bei. Robben, klettern, kriechen, vorwärts und rückwärts laufen, balancieren, auf Zehenspitzen gehen, hüpfen, springen – mit einem Wort: „toben“ – wirkt sich auf die körperliche und geistige Leistungsfähigkeit aus.

Clevere Kinder durch viel Bewegung

Spätestens in der Schule können „unbewegte“ Kinder Probleme bekommen. So vermuten Wissenschaftler einen Zusammenhang zwischen den geistigen Möglichkeiten mit Zahlen umzugehen (Mathematik) und der körperlichen Eroberung der Umwelt. Kinder, die wissen und spüren, was hoch, breit, weit, nah, vorwärts, rückwärts ist – die sich also geschickt im Raum bewegen können –, haben später nachweislich weniger Probleme mit dem Rechnen.

Was Wissenschaftler auch herausgefunden haben: „Bewegte“ Kinder sprechen häufig besser. Vor allem die

Entwicklung der Feinmotorik – also die Geschicklichkeit der Hände – hängt offenbar eng mit der Fähigkeit zu sprechen zusammen und ebenfalls mit der Fähigkeit schreiben zu lernen. Das mag daran liegen, dass die entsprechenden Gehirnareale nah beieinander liegen.

Toben macht gesund und munter

Natürlich sind toben, turnen, laufen, klettern und springen nicht nur für die geistige Entwicklung von Bedeutung. Ein gesundes Körperbewusstsein, Geschicklichkeit in der Bewegung, Mut, mit dem Körper Neues auszuprobieren, sind wichtige Grundlagen für das Selbstbewusstsein. Fachleute sprechen sogar von den Wurzeln des Selbstbewusstseins, die im Körpergefühl verankert sind.

Gerade beim Turnen und Toben erwirbt ein Kind viel Vertrauen in die eigenen Fähigkeiten. Nicht nur in die körperlichen. Lassen Sie Ihr Kind solche Erfahrungen machen und haben Sie selbst auch Vertrauen in die Möglichkeiten Ihres Kindes, sich zu entwickeln.

Schließlich spielt ausreichender Bewegungsspielraum auch für die körperliche Entwicklung und Gesundheit des Kindes eine wesentliche Rolle. Herz, Kreislauf, Muskulatur, Gelenke, Knochenentwicklung, Stoffwechsel: Alle Funktionen des Organismus sind darauf angewiesen, dass sich das Kind bewegt.

Das beginnt bereits in den ersten Lebenswochen. Das Baby trainiert seine Muskeln. Liegt es – im wachen Zustand – öfter mal auf dem Bauch, lernt es schneller, den Kopf alleine zu halten. Es braucht Platz zum Strampeln, sollte auch die Ärmchen bewegen können. Stundenlanges halbsitzendes Liegen in engen Transportschalen ist äußerst ungünstig, weil es die Bewegungsfreiheit massiv einschränkt.

Sobald ein Kind selbst laufen kann, wird es für viele Eltern schwierig. In engen Wohnungen ist wenig Platz zum Toben. Es macht Lärm und stört womöglich Nachbarn, wenn sich das Kleine so richtig ausagiert. Einfach ins Freie lassen geht nur, wenn man einen eigenen Garten hat. Trotzdem: Versuchen Sie, Ihrem Kind so viel Bewegungsfreiraum anzubieten, wie nur irgend möglich. Gehen Sie auf den Spielplatz und nutzen Sie Mutter-Kind-Turnen, das viele Vereine kostengünstig anbieten. Machen Sie mit den Kleineren zu Hause Tobespiele – Nachbarn müssen entwicklungsbedingten Kinderlärm akzeptieren; das haben Gerichte schon öfter in Urteilen festgestellt.

Kinder brauchen viel Bestätigung

Besonders wichtig in der Bewegungsentwicklung ist die Ermunterung durch die Umwelt. Gerade in dieser Hinsicht machen viele Kinder schlechte Erfahrungen – oft ohne dass es die Erwachsenen wollen. Denn Kommentare können furchtbar entmutigen: „Das schaffst du bestimmt nicht“; „Sabine ist ja so langsam“; „Vorsicht, gleich fällst du hin“; „pass auf, sonst machst du dich schmutzig“; „die Schaukel ist viel zu hoch für dich“; „gleich wirst du dir

weh tun“; „das kannst du noch nicht, da bist du noch zu klein dafür“; „Peter ist wirklich sehr ungeschickt“ … Man sollte als Erwachsener unbedingt darauf achten, was man zu seinem Kind sagt und wie man über sein Kind spricht.
Jedes Kind hat von Haus aus Freude an der Bewegung. Alle Kinder haben einen ausgeprägten Bewegungsdrang. Wenn man sie nicht bremst und entmutigt, muss man für die optimale Entwicklung nur noch die Gelegenheit und ein bisschen „moralische“ Unterstützung bieten: „Toll, wie weit du schon springen kannst“; „Ulrike klettert wie ein Eichhörnchen“; „hier ist es glatt, aber du passt sicher gut auf“ (besser als: „gleich fällst du hin“) usw.

Ein Kind braucht Ermunterung und Lob. Es dürstet geradezu danach. „Toll, was du kannst“ – ein solcher Satz spornt es an.

Bewegungsspiele mit dem Baby

Diese Spiele fördern den Gleichgewichtssinn, die Geschicklichkeit und die Koordinationsfähigkeit des Körpers. Außerdem unterstützen sie die Entwicklung von Muskulatur, Gelenken, Sehnen und Bändern. Wichtig ist, dass es Ihrem Baby sichtlich Freude bereitet. Sobald es nicht mehr mag, sollten Sie aufhören. Nur so bringen diese Spiele Ihr Kleines auch vorwärts. Mag es ein Spiel nicht, dann spielen Sie etwas anderes mit ihm.

Sanfte Turnübungen tun schon den Kleinsten gut. Ab dem vierten Monat können Sie Ihr Baby nach ein paar Gymnastikminuten auch schon mal vorsichtig an den Armen aus der Rückenlage hochziehen. Aber nur wenige Zentimeter! Nimmt es den Kopf schon mit?

Baby-Turnen

Ihr Baby liegt auf dem Rücken, etwa beim Wickeln. Nehmen Sie sacht seine Ärmchen und breiten Sie sie nach der Seite aus. Dann über der Brust kreuzen. Einzeln nacheinander nach oben strecken, anschließend beide Ärmchen gleichzeitig nach oben und wieder nach unten. Auch mit den Beinchen können Sie Streck-, Beuge- und Spreizübungen machen.
Übungen, die es nicht mag, sollten Sie nicht erzwingen und keine Bewegung ausführen, die über den körperlichen Widerstand des Kindes hinausgeht.
Besonders großen Spaß macht eine solche „Turnstunde“, wenn Sie dabei singen, Verse aufsagen oder eine Spieluhr laufen lassen und die Bewegungen im Rhythmus der Musik oder des Verses ausführen.

Hier ein Beispiel, das Sie sicher noch aus Ihrer Kindheit kennen:

1. Ein Männlein steht im Walde,
ganz still und stumm.
Es hat aus lauter Purpur
ein Mäntlein um.
Sagt, wer mag das Männlein sein,
das da steht im Wald allein mit
dem Purpurroten Mäntelein?

2. Das Männlein steht im Walde
auf einem Bein,
es hat auf seinem Haupte
ein Käpplein klein.
Sagt, wer mag das Männlein sein,
das da steht im Wald allein mit
dem kleinen schwarzen Käppelein?

Aufstützen

Legen Sie Ihr Kleines auf den Bauch und ermuntern Sie es, sich auf seine Ärmchen zu stützen. Das klappt etwa ab dem vierten, fünften Monat. Großen Spaß macht es auch, wenn Sie auf dem Boden oder auf dem Elternbett neben oder gegenüber von Ihrem Kind liegen und seine Bewegungen mitmachen: auf die Arme stützen, mit dem Kopf hochkommen, nach links und rechts schauen, wieder auf den Bauch fallen lassen und mit den Beinen strampeln.

Ballspiele

Wenn Ihr Kind etwa ein halbes Jahr ist, können Sie schon erste Ballspiele machen – am besten mit einem weichen Stoffball. Rollen Sie den Ball zwischen sich und Ihrem Kind hin und her. Die Entfernung sollte höchstens ein Meter sein. Wenn es noch nicht klappt, verringern Sie den Abstand. Krabbelt Ihr Kind schon, kann es mit dem Ball „Verfolgungsjagd" spielen und ihn um Tisch- und Stuhlbeine herumrollen. Oder Sie rollen ihn ein Stück durch die Wohnung und Ihr Kind muss ihn fangen. Hat es ihn erwischt, darf es ihn weit weg werfen.

Tauziehen

Sobald Ihr Kind sitzen kann, ist es in der Lage, „Tauziehen" zu spielen. Geben Sie ihm ein Tuch, eine Puppe oder ein Stofftier und ziehen Sie daran ganz vorsichtig, damit Ihr Kind den Gegenstand nicht aus der Hand verliert und denkt, Sie möchten ihm das Spielzeug wegnehmen. Es soll sich nur leicht nach vorn beugen. Dann lassen Sie gleich wieder locker sodass es sich wieder aufrichten kann. Zieht es selbst etwas fester, sollten Sie nach vorne „kippen". Neben der Bewegung erfährt Ihr Kind bei diesem Spiel auch gleich, dass es selbst etwas bewirken kann. Und es lernt Ursache und Wirkung kennen: Ich ziehe, Mami kippt um.

Hund und Katze

Krabbelbabys sind fasziniert vom Hund- und Katzespiel. Krabbeln Sie mit Ihrem Baby durch die Wohnung und sagen Sie dabei „wau-wau" und „miau-miau". Stupsen Sie das Kind sanft mit Ihrem Kopf an oder legen Sie die „Pfote" auf seine Schulter oder seinen Bauch. Dann krabbeln Sie schnell wieder weg, das Baby hinterher. Danach lassen Sie Ihr Kind vorauskrabbeln und verfolgen es durch den Raum.

Schauen und hören mögen schon die Kleinsten

Ein buntes Mobile über dem Bett oder eine Spieluhr mit einer leisen, sanften Melodie erfreut und fasziniert schon die Allerkleinsten. So kann sich ein wenige Wochen altes Baby, wenn es wach ist, bereits einige Zeit damit beschäftigen, den bunten Fischen (oder anderen Dingen) nachzuschauen, die sich über seinem Bett bewegen. Für Sie ist dies eine Erleichterung, denn dies bedeutet: Sie müssen nicht sofort ans Bettchen, wenn das Kleine ausgeschlafen hat.

Rhythmus ist das ganze Leben, vor allem für Kinder. Es macht ihnen ganz großen Spaß, zu rhythmischen Versen auf den Knien der Eltern hopsen zu dürfen.

Kniereiterspiele

Diese Spiele, die Sie sicher noch aus Ihrer Kindheit kennen, sind bei allen Babys (und auch später noch bei Kleinkindern) beliebt.

Sie setzen Ihr Kind auf den Schoß, sprechen oder singen Kniereiterverse und bewegen Ihre Beine dabei im Versrhythmus, sodass Ihr Kind schaukelt. Zusätzlich können Sie die Arme Ihres Kindes in Ihre Hände nehmen und an bestimmten Stellen hochheben. Sie können auch den Rhythmus Ihrer Bewegungen plötzlich ändern, sodass sich Ihr Kind neu einstellen muss. Meist führt das zu großem Gelächter – auch wenn es mal „plumps" heißt und das Kind scheinbar „abgeworfen" wird.

Je jünger Ihr Kind ist, umso sanfter sollten diese Spiele gemacht werden. Bei temperamentvollen Kindern kann es schon etwas wilder sein. Erschrickt sich Ihr Kind einmal, weil eine Bewegung zu heftig war, bitte gleich trösten.

Hier einige beliebte Kniereiterverse:

● **Hoppe, hoppe Reiter**

Hoppe hoppe Reiter,
wenn er fällt, dann schreit er.
Fällt er in den Teich,
findt ihn keiner gleich.
Fällt er in die Hecken,
fressen ihn die Schnecken,
fressen ihn die Müllermücken,
die ihn vorn und hinten zwicken.
Fällt er in den tiefen Schnee
gefällt's dem Reiter nimmermeh.
Fällt er in den Graben,
fressen ihn die Raben.
Fällt er in den Sumpf,
macht der Reiter plumps.

Bei der letzten Zeile lassen Sie Ihr Kind nach hinten oder zwischen Ihren Beinen nach unten „plumpsen", wobei Sie es natürlich gut festhalten müssen.

● **Reitvergnügen**

So reiten die Damen,
so reiten die Damen.
So reiten die Herren,
so reiten die Herren.
So wackelt der Bauer,
so wackelt der Bauer.

Von diesem Kniereiterspiel können kleine Kinder nicht genug bekommen: Der Ritt der Damen ist langsam und gemächlich. Bei den Herren wird es dann schon etwas schneller und wilder und beim Bauern schwankt „das Pferd" heftig von einer Seite zur anderen. Halten Sie Ihr Kind gut fest, damit es nicht herunterfällt, und passen Sie die Bewegungen dem Alter Ihres Kindes an.

Die Dickmadam

Eine kleine Dickmadam
fuhr mal mit der Eisenbahn.
Eisenbahn, die krachte,
Dickmadam, die lachte,
lachte bis der Schaffner kam
und sie mit zum Schutzmann nahm.

Im Rhythmus des Textes ahmen Sie die ruckelnden Bewegungen eines Zuges nach. Bei „krachte“ beugen Sie sich mit Ihrem Kind nach vorn, anschließend wackeln Sie mit ihm lachend hin und her.

Der Mann im Brunnen

Ist ein Mann in Brunnen g'falln,
hab ihn hören plumpsen,
hätt ich ihn nicht rausgeholt,
wäre er ertrunken.

Lassen Sie Ihr Kind sanft auf Ihren Knien „reiten“. Bei „plumpsen“ öffnen Sie die Beine und lassen es nach unten rutschen – natürlich halten Sie es sicher in den Armen. Anschließend heben Sie es wieder hoch und das Spiel beginnt von vorn.

Das Schifflein

Fährt das Schifflein übern See,
wackelt's hin und wackelt's her.
Kommt ein starker Sturm,
wirft das Schifflein um.

Dieses Spiel macht schon den Kleinsten Spaß: Setzen Sie Ihr Kind auf den Schoß und heben Sie abwechselnd Ihre Knie hoch, so dass es hin- und herschaukelt.

Fliegen

Halten Sie Ihr Baby fest auf dem Arm und drehen Sie sich im Kreis. Alternativ können sie es auch bäuchlings auf Ihren Unterarm legen und sich mit ihm drehen. Aber halten Sie es dabei gut fest. Wenn Ihr Baby noch nicht zu schwer ist, können Sie es ein Stück weg vom Körper halten. So bekommt es deutlich das Gefühl zu fliegen – ein prima Training für den Gleichgewichtssinn und für die meisten Babys ein Riesenspaß.

Vorsicht! Niemals das Kind an den Händen oder Armen hochziehen. Dabei kann sich das Schultergelenk auskugeln.

Klettermaxe

Nehmen Sie Ihr Kind unter den Achseln und lassen Sie es an sich „hochklettern“ – über die Beine und den Bauch. Ist es oben angelangt, können Sie es ganz schnell wieder an sich hinabgleiten lassen und das Kletterspiel von vorn beginnen. Vermutlich mag Ihr Kleines gar nicht mehr damit aufhören. Wichtig: Halten Sie Ihr Kind immer gut fest, damit es nicht ohne Ihren Halt plötzlich hinunter springt. Kleine Kinder sind so vertrauensvoll, es ist ihnen nicht klar, dass sie sich ohne elterlichen Halt verletzen können.

1. Hopp, hopp, hopp,
Pferdchen lauf Galopp.
Über Stock und über Steine,
aber brich dir nicht
die Beine.
Hopp, hopp, hopp,
Pferdchen, lauf Galopp.
2. Tipp, tipp, tapp.
Wirf mich nur nicht ab!
Zähme deine wilden Triebe,
Pferdchen, tu es mir zuliebe.
Tipp, tipp, tapp,
wirf mich nur nicht ab!
3. Br, br, br,
steh' mein Pferdchen, steh'.
Sollst noch heute
weiter springen,
muss dir erst das Futter
bringen.
Br, br, br,
steh' mein Pferdchen, steh'.

Alle Sinne brauchen Anregung

Wir Erwachsenen nehmen rund 70 Prozent der Informationen aus unserer Umwelt über die Augen auf: Was wir sehen, erkennen wir, können wir einordnen und verarbeiten.
Bei Kindern ist dies anders. Je jünger sie sind, umso mehr Informationen über ihre Umwelt erfahren sie beispielsweise über ihren Tastsinn. Sie er-spüren – am intensivsten mit dem Mund –, ob ihr Teddy weich oder kratzig, Mutters Hand warm und liebevoll, der Schnuller glatt oder süß ist.

Mit der Nase die Mutter erkennen

Babys erschnuppern über ihren Geruchssinn, ob sich Mama oder eine fremde Person nähert, ob der Brei schmeckt, ob die Tante sympathisch ist. Der Geruchssinn ist bereits in der 28. Schwangerschaftswoche ausgebildet und das Baby kann im Mutterleib fast alles riechen, was auch die Mutter riecht. Geruch gibt ihm,

Babys nehmen ihre Umwelt mit allen Sinnen wahr: Tasten, Riechen, Schmecken, Hören, Sehen. Dabei spielt lange Zeit der Tastsinn die wichtigste Rolle. Gleich danach kommt der Geruchssinn.

kaum auf der Welt, Sicherheit, wenn er „Informationen“ beinhaltet, die das Kind bereits kennt (zum Beispiel die Haut der Mutter). Geruch kann es aber auch ziemlich erschrecken oder verunsichern, wenn er Informationen transportiert, die unbekannt sind oder nicht zu anderen Sinneserfahrungen passen. Typisches Beispiel: Ein gestilltes Baby mag plötzlich nicht mehr an der Brust trinken. Grund: Die Mutter hat eine neue, stärker riechende Seife verwendet oder sie hat ein Parfüm aufgelegt, das das Kleine nicht kennt.

Für ältere Kinder ist typisch, dass sie ein bevorzugtes Stoffspielzeug, eine Schmusedecke oder ein Kissen haben, das sie vor allem unterwegs oder abends zum Einschlafen brauchen. Das Teil darf auf keinen Fall erneuert oder gewaschen werden, auch wenn es noch so verschlissen und angeschmuddelt ist. Ganz klar, warum: Es würde den Duft verlieren, der dem Kind Sicherheit und Geborgenheit vermittelt.

Eng verbunden mit dem Geruchssinn und ebenfalls sehr stark ausgeprägt ist der Geschmackssinn. Wobei wir lediglich süß, sauer, salzig und bitter mit den Geschmacksknospen auf Zunge und Gaumen wahrnehmen. Die leckeren Nuancen einzelner Speisen und Getränke vermitteln uns hingegen die unzähligen Riechzellen, mit denen die Nasenschleimhaut ausgestattet ist. Wer schon einmal bei einem starken Schnupfen nichts mehr gerochen hat, kennt das Gefühl, wenn nur noch die Geschmackszellen funktionieren.

Ganz Ohr: Gehör und Sprache

Auch hören kann ein Kind bereits einige Zeit vor seiner Geburt. Mit dem Hörsinn orientiert sich das Kind in seiner Umwelt und es braucht diesen Sinn für die Kommunikation mit anderen Menschen. Schließlich ist ein gutes Gehör die unabdingbare Voraussetzung fürs Sprechenlernen.

Im Innenohr sitzt der Gleichgewichtssinn, der jedem Menschen die Information über seine Position im Raum gibt und ihn befähigt, sich sicher zu bewegen.

Für die Entwicklung des Gehirns braucht ein Baby und Kleinkind Signale von allen seinen Sinnen. Jede sinnliche Erfahrung trägt dazu bei, dass sich die Milliarden Nervenzellen in seinem Gehirn zu einem Netz verknüpfen, dass Nervenstränge sinnvoll miteinander verdrahtet werden. Deshalb sind schon bei einem Neugeborenen alle Sinne auf Empfang geschaltet – sie bleiben es die gesamten ersten Lebensjahre hindurch. Wie ein Schwamm saugen die Nervenzellen alle Sinneseindrücke auf. Je mehr ihnen geboten wird, umso feinmaschiger wird das Netz der Nervenverbindungen – die Intelligenz wächst. Aber nicht nur die geistigen Fähigkeiten hängen von sensiblen Sinnen ab. Auch die körperliche Geschicklichkeit wächst, wenn etwa durch Bewegung der Gleichgewichtssinn angeregt wird.

Alle Sinne brauchen ständig Lernfutter

Die Sinne Ihres Babys sind alle funktionstüchtig und auf Empfang geschaltet. Sie nehmen jede Anregung gerne auf und brauchen sie auch, um sich weiterzuentwickeln. Dass die Sinne ständig „Futter“ zum Lernen erhalten, spielt aber nicht nur fürs Sehen, Schmecken, Riechen, Hören und Tasten eine wichtige Rolle. Vielmehr hängt die gesamte Entwicklung – körperlich und geistig – damit zusammen, ob das Kind vielfältige Anregungen bekommt. Aber bitte: Immer schön eines nach dem anderen und nicht zu viel auf einmal.

Alles in Balance: Anregung für die Sinne

In den ersten Lebensjahren ist es besonders wichtig, dass alle Sinne gleichermaßen Anregungen bekommen und keiner auf Kosten der anderen bevorzugt wird. Im Alltag gibt es dafür zahlreiche Möglichkeiten. Denn: Jede Bewegung schult den Gleichgewichtssinn, jedes Geräusch unterstützt das Gehör, jede Berührung regt den Tastsinn an. Auch zum Schnuppern und Schmecken ist immer etwas da und zum Sehen bietet die Umgebung jede Menge.
Sie als Eltern brauchen vielleicht ein wenig mehr Zeit als sonst. Aber Sie benötigen kein großes Anregungsprogramm. Lassen Sie Ihr Kind an Ihrem Alltag teilhaben und achten Sie einfach ein wenig auf die Sinneseindrücke, die es dabei bekommt.

Wenn Sie beispielsweise mit Ihrem Baby auf dem Arm durch die Wohnung tanzen und dabei ein Lied singen, bekommt es dabei Anreize für Gehör, Augen, Tastsinn, Gleichgewichtssinn. Wenn Ihr Kind beim Kochen „helfen“ darf und Sie sich dabei mit ihm unterhalten, erhalten sein Geruchs- und Geschmackssinn, das Gehör, die Augen und der Tastsinn beste Anregungen. Auch beim Einkaufen werden die Sinne geschult, ebenso zu Hause beim Aufräumen, beim Spaziergang im Park oder im eigenen Garten ...

Mit allen Sinnen wahrnehmen und genießen

Wir Erwachsenen haben oftmals die Fähigkeit verloren, mit allen Sinnen zu genießen, einen Duft, eine Temperatur, ein Geräusch, Farben überhaupt noch richtig wahrzunehmen. Wie klingen Regentropfen am Fenster? Wie riecht feuchtes Laub im Herbst? Nüsse knacken – ein herrliches Geräusch. Über Samt streichen – wunderbar. Erinnern Sie sich noch an den Duft von Schokolade? Wann haben Sie sich zuletzt so lange im Kreis gedreht, bis ihnen schwindlig war? Wann von einem Aussichtsturm in Ihrer Stadt die Straßen und Häuser von oben erkundet oder mit Ihren Händen ein Schattenspiel an die Wand gezaubert? Kinder sind empfänglich für vieles. Es liegt in unserer Hand, ihnen die Gelegenheiten anzubieten. Gleichzeitig können wir von ihnen (wieder) lernen, Erfahrungen mit allen Sinnen zu machen.
Es ist also durchaus legitim, wenn Sie Dinge tun, die Ihnen gefallen, die Ihre eigenen Sinne anregen. Nur: Lassen Sie auch Ihr Kleines dabei sein und mitmachen. Dann profitieren alle davon.

Baby-Spiele für die Sinne

Hören, schauen, riechen, schmecken, fühlen: Über die Sinne nimmt das Baby seine Umwelt wahr und bekommt dabei gleichzeitig ein Gefühl für sich selbst. Gut ausgeprägte Sinne sind daher für die gesamte Entwicklung von großer Bedeutung. Denn alle Eindrücke und Anregungen, die ein Baby über die Sinne bekommt, werden im Gehirn verarbeitet und führen dort zu immer neuen Verschaltungen. Schließlich werden beim Lernen und Erinnern im Gehirn immer auch Sinneseindrücke „abgefragt" und überprüft. Deshalb sind Babys auch von der Natur mit dem Bedürfnis nach sinnlichen Erfahrungen ausgestattet: Sie wollen sehen, hören, riechen, schmecken und fühlen!

Massage für den Tastsinn

Die schönste Anregung für den Tastsinn ist eine zärtliche Babymassage. Wenn Sie dabei leise Entspannungsmusik oder eine Spieluhr laufen lassen oder sich leise mit Ihrem Baby unterhalten, ist das auch gleich noch „Futter" fürs Gehör.
Mit der Massage können Sie beginnen, sobald Ihr Baby vier Wochen alt ist. Wichtigste Voraussetzung: Sie selbst müssen ruhig und entspannt sein. Unruhe, Stress und Hektik würden sich über Ihre Hände aufs Baby übertragen. Außerdem sollten zur Massage Ihre Hände warm sein und das Baby offensichtlichen Spaß an der Massage haben. Reagiert es abwehrend, bitte nicht massieren. Ebenso wenig, wenn es krank ist oder an Hautproblemen leidet. Dann sollten Sie erst Ihren Kinderarzt befragen. Ansonsten können Sie jederzeit mit Babyöl sanft massieren: die Hände, den Kopf, Arme, Füße, Beine, Bauch, Brust und Rücken. Sie können Ihr Baby teilweise – etwa nur Hände und Füße – oder vollständig massieren. Wichtig ist immer, dass Sie selbst die nötige Ruhe dafür haben und dass Ihr Baby die Massage sichtlich genießt.

Mit dem Kleinen auf Entdeckungsreise

Gehen Sie mit Ihrem Baby auf dem Arm durch die Wohnung. Bleiben Sie immer wieder stehen. Zeigen Sie ihm, was es sieht, und benennen Sie die Dinge: Das ist unser Sofa, ein schö-

Massageöle für die Pflege zarter Babyhaut

Da Babyhaut sehr empfindlich ist, sollten Sie ein spezielles sanftes Babymassageöl verwenden, das rein und natürlich ist und schnell in die Haut einzieht. Daher werden Sie während der Massage das Öl meist mehrfach auftragen müssen.

Probieren Sie an einer kleinen Hautstelle aus, ob Ihr Baby das Öl verträgt! Geeignet sind Traubenkern-, Jojoba-, Sonnenblumen- und Olivenöl, die Sie selbst noch verfeinern können, indem Sie auf 100 ml Basisöl 1 Tropfen Rosenöl zufügen. Bei trockener und empfindlicher Haut eignet sich besonders Mandelöl.

Die ersten Bilderbücher für ein Baby sollten möglichst einfach sein, damit das Kleine nicht überfordert wird und den Spaß daran verliert. Ideal: Nur ein Bild pro Seite.

nes Bild hier an der Wand, die Badewanne, die kennst du ja schon ...
Auch wenn das Kleine nicht jedes Wort versteht, so erleben seine Sinne umso mehr: Das Tragen regt den Gleichgewichtssinn an; das Zeigen fördert die Entwicklung der Sehkraft; das Erklären fordert sein Gehör und gibt ihm gleichzeitig Geborgenheit, weil es aus dem Klang der Stimme auch die liebevolle Zuwendung wahrnimmt. Gibt es zwischendurch noch etwas zu schnuppern – zum Beispiel den Blumenstrauß auf der Fensterbank oder Obst in der Küche – werden bei einem so simplen Streifzug durch die Wohnung alle Sinne gleichermaßen geschult.

Faszinierendes Versteckspiel

Für Ihr Baby ist alles weg, was es gerade nicht sieht. So sind Sie weg, wenn Sie ein Tuch vors Gesicht halten. Der Teddy ist verschwunden, wenn Sie ihn hinter Ihren Rücken halten, usw.
Ihr Kleines weiß noch nicht, dass etwas auch da sein kann, wenn es nichts davon hört oder sieht. Deshalb ist es immer wieder freudig überrascht und erstaunt, wenn plötzlich mit dem Ausruf „daaaaa“ wieder erscheint, was gerade noch versteckt war. Mit diesem einfachen Spiel, das Babys meist lange Zeit hintereinander fasziniert, fördern Sie alle Sinne und unterstützen die Vernetzung von Nervenzellen im Gehirn.

Musik und Geräusche

Jede Form von Geräuschen ist Musik in den Ohren Ihres Babys. Ruhe und Stille braucht es nur zum Schlafen. Ansonsten sind Alltagsgeräusche auch schon für die Kleinsten förderlich; anfangs leiser, später darf es immer lauter werden – oft sogar so laut, dass es für die Erwachsenen anstrengend wird. Bieten Sie Ihrem Kind möglichst viele unterschiedliche Hör-Sinneseindrücke: Singen Sie mit Ihrem Baby (es muss nicht perfekt sein, Sie können auch mit „schlechtem“ Gesang sein Talent nicht schädigen). Schnippen Sie mit den Fingern; lassen Sie den Schlüsselbund scheppern; zerknüllen Sie Papier; rascheln Sie mit Kunststofffolie; schnalzen Sie mit der Zunge; klopfen Sie mit den Fingern einen Rhythmus auf den Tisch; schütteln Sie eine Rassel. Sobald Ihr Kind gezielt greifen kann, darf es selbst „Musik“ produzieren – etwa mit einem Löffel auf den Tisch klopfen. Es kann auch die Rassel selbst schütteln. Ideal ist, wenn es Rasseln aus unterschiedlichen Materialien (Holz, Kunststoff) zum Spielen hat.

Anregung für die Augen

Am schönsten ist anfangs das Gesicht von Mutter und Vater. Das Baby betrachtet es meist sehr aufmerksam. Gehen Sie nah heran, denn das scharfe Sehen auf größere Entfernungen entwickelt sich erst mit der Zeit. Rollen Sie mit den Augen, schneiden Sie Grimassen mit dem Mund, ziehen Sie die Augenbrauen hoch.

Ein Mobile über dem Bett, das sich bei leichtem Luftzug bewegt, gibt Ihrem Kind ebenfalls sehr viel zu sehen. Nicht nur, wenn es sich bewegt, auch wenn es sich ganz still hält, kann Ihr Kind sich die einzelnen Figuren einprägen. Machen Sie Fingerspiele (siehe S. 61) mit Ihrem Baby, geben Sie ihm Püppchen zum Betrachten und etwa ab einem halben Jahr auch passende Bilderbücher. Am besten sind weiche aus abwaschbarem Material, denn Ihr Kind wird sie zuerst mit dem Mund untersuchen. Auf jeder Seite sollte nur ein einfaches Bild sein.

Schnelle Bastelideen:

● **Fingerpüppchen:** Ein besonderer Hingucker für kleine Kinder sind Fingerpüppchen, die Sie in unzähligen Variationen im Spielwarenhandel kaufen können. Sie lassen sich aber auch leicht mit einfachsten Materialien selbst machen. Dafür müssen Sie kein Bastelexperte sein:

Schneiden Sie aus buntem Tonpapier eine oben abgerundete Figur aus, die etwas breiter als Ihr Finger ist. Mit Bunt- oder Filzstiften können Sie ein Gesicht und Haare aufmalen oder auch Krepppapierkügelchen als Augen und Wollfäden als Haare aufkleben. Am seitlichen Rand noch zwei Schlitze eingeschnitten und darin ein Hutgummiband befestigt, und schon ist das Fingerpüppchen fertig. Ältere Kinder (ab etwa 2 Jahren) können solche Püppchen auch selbst basteln. Etwas aufwendiger anzufertigen sind Fingerpuppen aus Filz: Schneiden Sie aus Bastelfilz zwei oben abgerundete Streifen zu, die etwas mehr als doppelt so breit wie Ihr Finger sind. Kleben Sie die Streifen an den Rändern mit Textilkleber zusammen und lassen Sie dabei den unteren geraden Rand offen. Bei der Endgestaltung der Fingerpüppchen sind Ihrer Fantasie keine Grenzen gesetzt. Sie können auch Tierfiguren entwerfen, beispielsweise einen Frosch mit angeklebten Froschbeinen und großen Glubschaugen oder einen Löwen mit wilder Mähne aus Wollfäden.

● **Mobile:** Auch Mobiles lassen sich mit etwas Geschick schnell selbst anfertigen. Das Grundgerüst, einen Mobile-Stern, erhalten Sie in gut sortierten Bastelläden. Außerdem brauchen Sie 0,5 mm starkes Sperrholz, Farbe in verschiedenen Tönen, etwa 2,5 m Dekoband, Schleifpapier, einen dünnen Bohrer und Holzleim.

Und so wird's gemacht: Zeichnen Sie auf das Sperrholz die Umrisse von verschiedenen Tieren – Ente, Fisch, Hund, Katze – oder anderen einfachen Objekten – Ball, Haus, Baum, Schiff – und sägen Sie die Figuren mit

Ein Riesenspaß sind „Finger-Geschichten", die Sie ganz ohne Puppen erzählen können. Sie malen einfach ein Gesicht auf Ihre Fingerkuppen. Ist Ihr Kind schon etwas größer, freut es sich natürlich, wenn es auch selbst ein paar so wunderschöne Finger-Gesichter bekommt.

einer Laubsäge aus. Glätten Sie die Kanten mit Schleifpapier und bohren Sie am oberen Rand jedes Motivs, und zwar mittig, ein kleines Loch, in dem später das Dekoband befestigt wird. Nun bemalen Sie die Motive von beiden Seiten: Zuerst vollständig eine Grundfarbe auftragen; nach dem Trocknen werden die Details ausgearbeitet. Wenn alles gut getrocknet ist, kleben Sie in jedes Loch Dekoband, das Sie in unterschiedlichen Längen zugeschnitten haben. Nun müssen Sie nur noch den Mobile-Stern nach Anleitung zusammensetzen und die Motive daran befestigen.

Statt Sperrholz können Sie auch stabilen Karton verwenden, den es in vielen Farben zu kaufen gibt. Zum Ausschneiden der Motive verwenden Sie eine Schere oder ein scharfes Messer, ev. ein Teppichmesser.

● **Bilder:** Babys sind fasziniert von kontrastreichen Bildern – am besten in Schwarz-Weiß. Beim Betrachten solcher Bilder lernen sie ihre Sehschärfe allmählich einzustellen und Dinge zu erkennen.

Einfache Bilder können Sie leicht selbst basteln. Dafür benötigen Sie stabilen, am besten weißen Karton sowie schwarze Farbe. Zeichnen Sie mit einem Bleistift eine einfache geometrische Form – ein Quadrat, einen Stern usw. – auf den Karton und malen Sie sie mit schwarzer Farbe aus oder umfahren Sie die Konturen in Schwarz. Sie können die Fläche auch in vier gleiche Quadrate oder andere klare Muster teilen und diese in unterschiedlichen Farben – wobei sich Rot neben Schwarz am besten eignet – gestalten. Für größere Babys (ab etwa 6 Monaten) können Sie auch Fotos von Familienmitgliedern oder von Tieren auf den Karton kleben. Pinnen Sie die Bilder an die Wand, sodass Ihr Kind sie betrachten kann.

Falls Sie keine große Bastlerin sind, müssen Sie dennoch nicht auf ein selbst gemachtes Mobile verzichten: Einfach ein Schnur spannen, ein paar ganz leichte Sachen dran hängen und fertig.

Fragen, Fragen, Fragen

Eigentlich fragen Kinder schon, wenn sie noch ganz klein sind. Ein Baby, das mit fragendem Gesichtsausdruck seine Rassel hochhält oder einen Löffel vom Tisch ergreift, bekommt meist gleich die richtige Antwort. „Das ist eine Rassel", „ja, das ist der Löffel."

Sobald das Kind die ersten Worte sprechen kann, fragt es weiter: Mit ausgestrecktem Finger zeigt es beim Spaziergang auf die Ente im Wasser: „Da-da?" Oder auf einen Hund: „Wau-wau?" Oder auf den Herd in der Küche: „Au?" Natürlich bekommt es auch jetzt jederzeit liebevoll Antwort: „Ja, das ist eine Ente. Die macht quaak". „Oh ja, ein Hund. Er macht wau-wau". „Du hast Recht, wenn man an den heißen Ofen fasst, tut es sehr weh. Au-au."

In diesem beständigen Dialog lernt das Kind seine Umwelt kennen und benennen. Es lernt viel über Ursache und Wirkung und über die Eigenarten von Dingen und Lebewesen. Man muss als Eltern also gar kein aufwendiges Lernprogramm abspulen, sondern nur der angeborenen Neugier und Wissbegier seines Kindes folgen und seine Fragen beantworten.

Jede Frage braucht eine Antwort

Mit zunehmendem Alter werden die Fragen der Kinder immer differenzierter. Haben sich die Eltern in der Regel bisher sehr über ihr aufgewecktes und interessiertes Kleinkind gefreut, können die Fragen bei einem Drei- oder Vierjährigen schon manchmal etwas nervig werden, gelegentlich auch unangenehm. „Warum hat die Frau so rote Haare?" „Wieso ist der Mann so dick?" „Muss Oma bald sterben?" Wer bei einer solchen Frage im vollen Bus sitzt, darf sein Kind leise auf später vertrösten und sollte ihm nach dem Aussteigen zwar Antworten auf die Fragen geben („die Frau hat ihre Haare vermutlich gefärbt", „der Mann hat wahrscheinlich zu viel gegessen", „ich hoffe nicht, dass Oma bald stirbt, aber das weiß niemand so genau"), mit ihm aber auch darüber sprechen, dass es die meisten Menschen nicht mögen, wenn man ganz laut über sie spricht. Auf keinen Fall sollte man solche Fragen verbieten oder gar bestrafen. Kinder kennen keine Tabus. Für sie ist alles neu und interessant. Deshalb sollten sie immer eine Antwort bekommen. Wobei die Antwort nicht

Warum muss man täglich seine Zähne putzen?

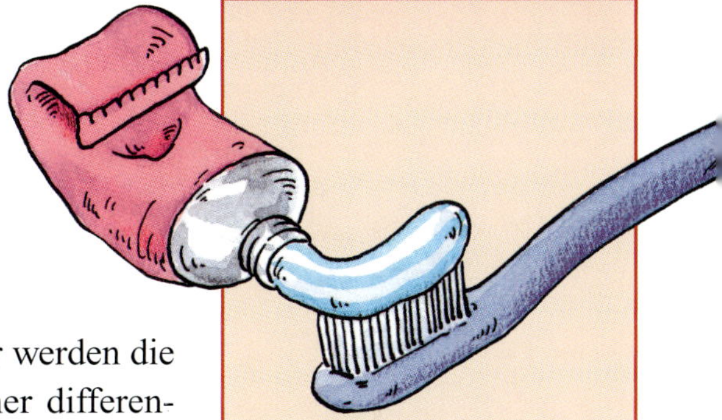

Weil das halt so ist, möchten sicher viele Eltern antworten, wenn das Kind immer und immer wieder die gleiche Frage stellt. Aber die ständige Wiederholung ist keine Dummheit des Kindes, es will Sie damit auch nicht ärgern. Die permanente Wiederholung trägt vielmehr zum Lernprozess bei. Mit immer der gleichen Frage und immer der gleichen Antwort vergewissert sich das Kind, dass ein Zusammenhang wirklich stimmt. Bleiben Sie also am besten ganz ruhig und sagen Sie Ihrem Kind immer wieder: Weil nur so die Zähne gesund bleiben.

unbedingt eine klare Aussage sein muss, ja oft gar nicht sein kann, etwa bei der Frage nach dem Tod. Gerade Sinnfragen wie: „Warum scheint die Sonne?“, „Warum müssen Tiere sterben?“, „Wie tief ist ein Grab?“, erfordern keine komplizierten Antworten. Ganz schlichte Erklärungen, die ein Kind vielleicht sogar nachvollziehen kann („die Sonne scheint, weil wir Licht und Wärme brauchen“), geben ihm Sicherheit. Natürlich sollte die Antwort in all ihrer Schlichtheit stimmen und späteren Überprüfungen durch das ältere Kind standhalten. Sonst wird es enttäuscht und verliert sein Vertrauen. Die Frage eines Kindes ist immer auch ein Wunsch, ins Gespräch zu kommen. Wer also mal keine direkte Antwort weiß, kann auch einfach mit seinem Kind über das Thema sprechen.

Immer wieder die gleichen Fragen

Es gehört übrigens zur vollkommen normalen Entwicklung eines Kindes, wenn es immer und immer wieder die gleichen Fragen stellt. Das ist nicht Dummheit oder Bosheit, sondern das Bedürfnis sicherzugehen. Immer wieder die gleiche Antwort ist wie immer die gleiche Gutenacht-Geschichte: Sie vermittelt Sicherheit und Geborgenheit. Deshalb ist es für Kinder so wichtig, dass Eltern nicht die Geduld verlieren und sich Bemerkungen wie „das habe ich dir jetzt schon fünf Mal gesagt, jetzt habe ich keine Lust mehr“ verkneifen.

Geduld brauchen Eltern vor allem auch dann, wenn die Warum-Frageketten auftauchen, die meist bei älteren Kindergarten-, Vorschul- und Schulkindern stark ausgeprägt sind. „Warum gehst du jeden Tag arbeiten?“ „Weil wir Geld brauchen.“ – “Warum brauchen wir Geld?“ „Damit wir etwas kaufen können.“ – „Warum müssen wir etwas kaufen?“ „Weil wir manche Dinge brauchen.“ „Warum, warum, warum?“ Solche Ketten lassen sich endlos fortsetzen und bringen Eltern mit Sicherheit an den Rand der Verzweiflung – spätestens dann, wenn

sie auf das Warum beim besten Willen keine Antwort mehr wissen.
Aber natürlich ist diese Phase nicht dazu da, die Eltern zu ärgern. Sie zeigt vielmehr, dass sich Ihr Kind weiterentwickelt hat, Zusammenhänge herstellt und hinterfragt. Zudem ist die Warum-Fragekette auch ein deutlicher Hinweis auf den Gesprächswunsch des Kindes. Blocken Sie deshalb nach Möglichkeit nicht ab mit: „Hör doch endlich mit deiner Warum-Fragerei auf", sondern greifen Sie den Gesprächswunsch Ihres Kindes mit einer Gegenfrage auf: „Was denkst du, warum muss ich jeden Tag zur Arbeit gehen? Du weißt es bestimmt."

Fragen sind wichtig. Solange Kinder (Erwachsene übrigens auch) fragen, lernen sie und bleiben sie neugierig. Deshalb sollte auch die Antwort „weiß ich nicht" tabu sein. Natürlich müssen Eltern nicht alles wissen. Aber sie können gemeinsam mit ihrem Sprössling nach einer Antwort suchen – in einem Lexikon, im Internet, in der Bibliothek. Oder indem sie jemanden fragen, der es wissen könnte (den Bäcker, Verwandte, die Polizei, den Arzt, im Museum etc.). Damit vermitteln Sie Ihrem Kind, dass seine Fragen in Ordnung sind und dass sie sich selbst dafür interessieren. Bestenfalls lernen Sie selbst mit Ihrem Kind noch einige interessante Dinge.

Den Alltag für die Entwicklung nutzen

Lassen Sie Ihr Kind dabei sein. In der Küche, beim Einkaufen, zu Besuch bei Freunden und Verwandten, im Restaurant, bei möglichst allem, was sie tun. Je besser Ihr Kind in Ihren Alltag eingebunden ist, umso weniger extra Förderprogramme brauchen Sie. Denn bei den ganz alltäglichen Dingen, ob im Haushalt oder unterwegs, lernt das Kind. Gefördert werden dabei ganz nebenbei und spielerisch die motorischen Fähigkeiten, das Denkvermögen, alle Sinne und die sozialen Kompetenzen.

Wahrscheinlich dauern Ihre täglichen Arbeiten mit Kind ein wenig länger als ohne. Das ist gerade für berufstätige Mütter keine optimale Vorstellung. Doch Sie profitieren auch davon, wenn Sie sich diese Zeit nehmen und die Geduld (die wird nötig sein) aufbringen. Schließlich sparen Sie reichlich extra Spielzeit und Sie müssen sich zudem keine Gedanken über die optimale Förderung Ihres Kindes machen.
Wichtig ist, dass Sie von vornherein mehr Zeit für alle Verrichtungen ein-

Warum leuchten nachts die Sterne am Himmel?

Für Kinder ist alles neu und interessant. Was für Erwachsene längst selbstverständlich ist oder was Erwachsene oft einfach so hinnehmen, weil sie wissen, dass es für ihr Leben nicht von Bedeutung ist, das hinterfragen Kinder. Schön, wenn sie Eltern haben, die solche Fragen zulassen und sich um Antworten bemühen. Es kann für Mütter und Väter unglaublich spannend sein, sich selbst auf die Suche nach Antworten zu machen, auf Fragen, die ihr Kind stellt. Letztlich profitieren dann alle davon. Dabei geht es nicht darum, nur Lexikon-Wissen anzuhäufen. Es geht darum, sich intensiv auf das Kind einzulassen.

planen, die Sie zusammen mit Sohn oder Tochter erledigen. Dann geraten Sie nicht unter Druck, müssen nicht nervös das Kind hetzen, sondern können gemeinsam mit dem Kleinen auch die einfachsten Dinge in Ihrem Umfeld genießen – und aus aller Arbeit letztlich ein Spiel machen.

Genügend Abwechslung ergibt sich im Alltag ganz von allein

Solange Ihr Kind eifrig bei der Sache ist und sich nicht offensichtlich langweilt, brauchen Sie über Abwechslung nicht nachzudenken. Denn der Eifer ist ein gutes Zeichen dafür, dass Ihr Kind genug Anregung bekommt. Dann wäre es eher schädlich, es ständig mit Neuem zu konfrontieren.

Aufstehen, anziehen, waschen, aufräumen, einkaufen, kochen, Freunde treffen, spazieren gehen, draußen toben und, und, und ...

Ein ganz normaler „Alltag" bietet für ein Kind reichlich Abwechslung. Lassen Sie Ihr Kind an allem teilhaben, überall mitmachen, geben Sie ihm kleine und große Aufgaben. Darf es sich selbst aussuchen, was es „arbeiten" oder spielen möchte, brauchen Sie sich über genügend Abwechslung keine Gedanken zu machen. Sie tun damit bereits alles für seine optimale Förderung.

Kinder brauchen in erster Linie Zeit, um Neues gründlich kennen zu lernen und ihre eigenen Fähigkeiten auszuprobieren. Je jünger sie sind, umso mehr. Sie lernen durch Erfahrung, müssen alles ständig wiederholen, ehe es sitzt. Denn durch die Wiederholung werden die entsprechenden Verbindungen im Gehirn geknüpft und auf diese Weise die Eindrücke gefestigt.

Wichtig ist, dass Sie Vertrauen in die Fähigkeiten Ihres Kindes haben. Achten Sie darauf, was es bereits mühelos beherrscht, und trauen Sie ihm dann eine winzige Kleinigkeit mehr zu. Bieten Sie ihm entsprechende Aufgaben oder Spiele an. Fördern heißt schließlich auch fordern. Aber es darf weder zu viel noch zu wenig sein. Lassen Sie das Baby allein die 50 Zentimeter bis zum begehrten Spielzeug robben, anstatt dass Sie es ihm holen. Erlauben Sie dem Einjährigen mit dem (stumpfen!) Messer sein Brot auseinander zu schneiden. Haben Sie Geduld, bis es dem Zweijährigen gelungen ist, alleine seine Strümpfe und Schuhe anzuziehen. Freuen Sie sich mit dem Drei- oder Vierjährigen über seine mutigen Klettertouren auf dem Spielplatz usw.

Über Abwechslung brauchen Sie eigentlich erst nachzudenken, wenn sich Ihr Kind offensichtlich langweilt. Dann ist es unterfordert und wird normalerweise auch unleidlich. In diesem Fall sollten Sie ihm eine neue Aufgabe geben, es in ein neues Spiel einbeziehen oder zu einer kreativen Beschäftigung anregen. Vielleicht ist Ihr Kind auch einfach aus seinem Spielzeug „herausgewachsen". Überprüfen Sie, ob es noch altersgemäß ist (Tipps Seite 153ff.). Oder es möchte intensiver an der Welt der Großen beteiligt werden. In den folgenden Kapiteln finden Sie viele Anregungen für alltägliche Tätigkeiten, bei denen Ihr Kind mitmachen kann.

Drittes Kapitel

Förderspiele für drinnen

Nicht immer hat man Zeit, mit seinem Kind auf den Spielplatz zu gehen oder den Zoo zu besuchen. Oft lässt es das Wetter gar nicht zu, dass man mit ihm draußen tobt. Manchmal ist das Kind auch gesundheitlich nicht ganz auf der Höhe und sollte deshalb möglichst in der Wohnung bleiben. Kleine Kinder bleiben aber nicht still im Bett liegen, wenn sie krank sind – meist noch nicht einmal, wenn sie Fieber haben. Das ist normalerweise kein Problem, doch man sollte sie dann mit eher ruhigen Spielen beschäftigen.

Je größer ein Kind ist, umso längere Zeit kann es sich alleine beschäftigen. Allerdings brauchen alle Kinder im Kleinkind- und Vorschulalter immer wieder Anregungen von den Erwachsenen. Sie müssen sich auch immer wieder versichern, dass sie nicht alleine sind. Deshalb ist es gut, wenn man als Mutter oder Vater möglichst viele verschiedene Spielanregungen parat hat, die sich in die tägliche Hausarbeit und den Alltag integrieren lassen – mit Anregungen für die Sinne und die Fantasie. Dann wird ganz nebenbei und mit viel Spaß und Freude auch die Entwicklung des Kindes gefördert.

Kleine Küchenmeister

Keine Frage – wenn man ein Kind lässt, wird es sich die Küche sicher als Lieblingsspielplatz in der Wohnung aussuchen. Vielleicht durften Sie ja selbst als Kind immer in der Küche dabei sein und erinnern sich gern daran? Dann fällt es Ihnen sicher leicht, auch Ihr Kleines zu beteiligen. Falls Sie selbst keine entsprechenden Erfahrungen haben, sollten Sie Ihr Kind trotzdem mit in die Küche nehmen.

Egal, ob Sie viel und aufwendig kochen oder eher ein Anhänger der schnellen Küche sind, ob Sie eine große, geräumige Küche haben oder nur eine kleine Kochzeile, ob Sie täglich mehrere Stunden in der Küche verbringen oder sie wegen Ihrer Berufstätigkeit nur abends oder am Wochenende benutzen: Für Ihr Kind gibt es dort in jedem Fall viele schöne, interessante Spielmöglichkeiten – und ganz nebenbei trainiert es alle seine Fähigkeiten, werden Sinne, Koordination, Denkvermögen und Feinmotorik geschult sowie Selbstbewusstsein und Sozialverhalten trainiert. „Küchenarbeit" ist also ein ideales Förderprogramm.

Vor der Arbeit: Sicherheitscheck in der Küche

Kinder brauchen Erfahrung, um zu lernen. Das gilt auch für Gefährliches. Dennoch müssen sie vor ernsten Verletzungen geschützt werden. In der Küche kommen Sie nicht darum herum, einiges umzuräumen, wenn Sie ein Kind haben und vor allem, wenn Sie es an der Küchenarbeit beteiligen wollen.

Folgende Sicherheitsregeln sollten Sie beachten (ausführliche Tipps für eine kindersichere Wohnung siehe Seite 152f.):

- Alle Chemikalien (Putz-, Spülmittel, Blumendünger etc.) unzugänglich fürs Kind aufbewahren. Das heißt, nach oben räumen oder in einem anderen Raum an sicherer Stelle unterbringen.
- Zerbrechliches (Gläser, Teller, Tassen etc.) nach oben stellen. Vor allem, wenn das Kind noch klein ist und untere Schubladen ausräumen darf (was es auch dürfen sollte).
- Unzerbrechliche Töpfe, Deckel, Kochlöffel, Plastikschüsseln etc., mit denen auch schon kleine Kinder spielen können, in die unteren Schubladen räumen.
- Höhere Schubladen sichern, damit das Kind sie nicht herausziehen und vom Inhalt verletzt werden kann.
- Elektrische Kabel nirgendwo herunterhängen lassen.
- Töpfe durch ein Herdschutzgitter sichern, Pfannenstiele auf dem Herd nach hinten drehen und nach Möglichkeit nur auf den hinteren Herdplatten kochen.

Bringen Sie Ihrem Kind von Anfang an bei, dass der Herd heiß ist und dass es ihn auf keinen Fall anfassen darf, wenn irgendwo ein rotes Licht leuchtet.

Wichtig: Das Kind soll keine Angst vor heißen Sachen bekommen, sondern es muss lernen sicher damit umzugehen, also respektvollen Abstand zu halten, wenn der Ofen heiß ist. In diesem Fall darf das Kind die Erfahrung keinesfalls selbst machen. Deshalb muss man die Erklärung immer und immer wieder wiederholen – und zusätzlich ein Auge darauf haben, dass das Kind sich nicht verbrennt.

Sicherlich freut sich jeder über gute Essmanieren bei Kindern. Doch die ergeben sich nicht von allein, sondern nur durch liebevolle Anleitung, gutes Vorbild der Erwachsenen und – das ist besonders wichtig – frühzeitiges Üben. Darf das Einjährige unter Aufsicht (stumpfe) Messer und Gabel benutzen, weiß das Vierjährige damit umzugehen.

Küchenspiele mit dem Baby

Falls Sie genug Platz haben, können Sie Ihr Kind von Anfang an mit in die Küche nehmen. Schon das Baby freut sich, wenn es der Mutter zusehen kann. Liegt Ihr Kleines in einer Wippe oder Babyschale, während Sie in der Küche arbeiten, sollten Sie es auf den Boden stellen, damit es nicht herunterfallen kann. Ist der Boden kalt, legen Sie eine Wolldecke unter.
Zur Unterhaltung erklären Sie Ihrem Kind, was Sie gerade tun („Wir machen einen leckeren Brei für dich. Gleich ist er fertig. Bevor du ihn essen kannst, muss aber noch Wasser heiß gemacht werden ..."). Auch wenn es die Worte noch nicht versteht, so begreift es doch, dass Sie ihm zugewandt sind, und es hört am Ton Ihrer Stimme, dass Sie es gern haben.
Sie können auch für Ihr Baby singen, während es Ihnen bei der Küchenarbeit zusieht. Alle Babys lieben Musik, Melodien, Rhythmus. Das macht Spaß und die Wiederholung gibt ihm Sicherheit. Und: Musik ist Futter für Gehirn und Gehör. Dabei kommt es nicht darauf an, ob Sie gut singen können oder nicht. Für Ihr Baby spielt einzig eine Rolle, dass Sie es tun. Singen Sie, was Sie kennen und was Ihnen selbst Spaß macht. Falls Ihnen einmal die Melodie fehlt, sprechen Sie einfach nur den Vers.

Krabbelt Ihr Baby und darf es Sie in die Küche begleiten, sollten Sie spätestens jetzt alle zerbrechlichen und gefährlichen Sachen nach oben räumen. Denn für Ihr Kind gibt es nichts Schöneres, als die unteren Schubladen auszuräumen.

Einfache alte Kinderlieder:

Hänschen klein
Hänschen klein ging allein
in die weite Welt hinein.
Stock und Hut, steht ihm gut,
ist ganz wohlgemut.
Aber Mutter weinet sehr,
hat ja nun kein Hänschen mehr.
Da besinnt sich das Kind,
eilet heim geschwind.

Horch, was kommt von draußen rein?
Horch, was kommt von draußen rein?
Hollahi, hollaho.
Wird wohl mein Feinsliebchen sein,
hollahihaho.
Geht vorbei und schaut nicht rein,
hollahi, hollaho.
Wird's wohl nicht gewesen sein,
hollahihaho.

Bienchen, summ herum
1. Summ, summ, summ,
Bienchen, summ herum.
Ei, wir tun dir nichts zuleide,
flieg nur aus in Wald und Heide.
Summ, summ, summ,
Bienchen, summ herum.
2. Summ, summ, summ,
Bienchen, summ herum.
Such in Blumen, such in Blümchen
dir ein Tröpfchen, dir ein Krümchen.
Summ, summ, summ,
Bienchen, summ herum.
3. Summ, summ, summ,
Bienchen, summ herum.
Kehre heim mit reicher Habe,
bau uns manche volle Wabe.
Summ, summ, summ,
Bienchen, summ herum.

Tolle Spiele fürs Krabbelkind

Spätestens jetzt, wenn sich Ihr Kind krabbelnd aufmacht, die Wohnung zu erkunden, wird es in der Küche besonders wichtig, alles Gefährliche nach oben zu räumen.

Ideal ist, wenn Ihr Kind bei Ihnen sein kann, solange Sie in der Küche beschäftigt sind. Das Schönste sind natürlich „Spielsachen" aus dem Küchenfundus. Gibt es in Reichweite des Kindes Schubladen, ist das tollste Spiel, diese aufzumachen, auszuräumen und die Dinge ganz genau zu untersuchen.

Eine Schüssel, ein Kochtopf (nicht zu groß und schwer bitte), ein Kochlöffel, ein Topfdeckel (nicht aus Glas) oder ein Sieb – damit können sich Krabbelkinder lange und intensiv beschäftigen.

Man kann auf Entdeckungsreise gehen, indem man die Schublade aufzieht. Dann wird alles Stück für Stück herausgenommen, genau betrachtet, von einer Hand in die andere gegeben, daran gelutscht und gesaugt. Schließlich erfährt das Kind über den Mund sehr viele Einzelheiten über die Objekte, die es untersucht.

Schließlich kann das Kleine selbst Geräusche erzeugen, indem es Deckel auf Töpfe schlägt oder mit einem Kochlöffel „trommelt". Oder indem es die Sachen aus der Schublade nimmt und auf den Boden fallen lässt, dann wieder

aufhebt und in die Schublade fallen lässt. Die Gegenstände lassen sich auch wegwerfen – mal sehen, was dann passiert. Ob der Deckel wieder kommt? Die Freude ist groß, wenn ihn die Mutter zurückbringt. Oder man krabbelt selbst hinterher und holt ihn.

Dies alles sind viele schöne Spiele, bei denen alle Sinne trainiert werden, die Motorik geschult, soziales Verhalten eingeübt und die Nähe zu Mutter oder Vater genossen wird.

Auch das Krabbelkind freut sich, wenn Mutter oder Vater mit ihm sprechen oder singen, während sie ihre Arbeit machen. Es interessiert sich jetzt schon für viele Dinge und versteht einiges von dem, was ihm erklärt wird.

Das große Kochtopf-Orchester

Musik und Rhythmus machen Kindern nicht nur Spaß, sie sind auch wichtig für die Entwicklung. In der Küche gibt es die besten Instrumente für ein Kind: Töpfe, Deckel, Kochlöffel. Aber auch Dosen mit unterschiedlichem Inhalt. Das klingelt und rasselt auf ganz unterschiedliche Weise. Falls Ihnen das Orchester einmal doch zu laut wird: Lassen Sie Ihr Kind mit Kunststoff- und Holzsachen spielen. Diese sind wesentlich leiser als Metallgegenstände.

Ob Salzteig oder essbarer Hefeteig: Nach ausgiebigem Kneten lassen sich aus kleineren Teigportionen mit beiden Händen lange Würste rollen. Die Teigwurst einmal knoten, etwas in Form drücken und mit einem Rosinenauge verzieren und schon ist ein wunderbarer kleiner Teigvogel entstanden. Nach dem Backen ist der Vogel – je nach Teigsorte – zum Spielen oder zum Essen freigegeben.

Küchenspiele ab 1 Jahr

Die meisten Kinder lernen jetzt laufen und ziehen sich überall hoch. In der Küche heißt das: Besonders aufpassen, dass das Kind nichts herunterreißen und sich verletzen kann. Überprüfen Sie also nochmals die Sicherheit, vor allem, dass sich Ihr Kind beim Hochziehen nicht an leicht zu öffnenden Schubladen oder an der Tür zum Backofen festhält. Auch Kabel dürfen auf keinen Fall herumhängen. Kann nichts passieren, ist die Küche sicher nach wie vor der Lieblingsspielplatz für Ihren Nachwuchs.

● **Schnuppern und schmecken:** Lassen Sie Ihr Kind schnuppern. An fertigem Essen, an Lebensmitteln, an Küchengeräten usw. – aber nicht an scharfen Gewürzen (Pfeffer, Chili) und fein gemahlenen Substanzen (Mehl, Puderzucker). Das könnte die Schleimhäute reizen oder zum Verschlucken führen. Sagen Sie Ihrem Kleinkind, was es riecht: Das ist Salz, es kommt in die Suppe. So riecht Olivenöl. Das ist eine Banane, die kennst du schon. So riecht der Topflappen – nicht so gut?
Lassen Sie das Kind auch schmecken (winzige Mengen reichen meist schon): Zitrone ist sauer! Milch ist mild. Salz – ihgitt. Natürlich, das schmeckt auch nur im Essen. Schokolade – hmmmm. Teig, Käse, Apfel, Brot, Petersilie. Zwischen dem ersten und zweiten Geburtstag entwickeln Kinder Vorlieben und Abneigungen, was das Essen angeht. Alles probieren dürfen, nichts müssen, kein Zwang und kein Druck – dann wird Essen auch nicht zum Problem.

● **Schütten:** Ungefähr ab eineinhalb Jahren gehört zu den Lieblingsbeschäftigungen Ihres Kindes, etwas von einem Gefäß in ein anderes umzuschütten. Das können „feste" Sachen sein wie Zucker, Erbsen, Reis und Nudeln oder flüssige wie Wasser. Geben Sie Ihrem Kind Gefäße – Tassen, Becher, Messbecher, kleine Töpfe – und „Umschüttware", die es von einem Behältnis ins andere leeren kann. Es muss keine große Menge sein, denn sicher geht erst einmal einiges daneben. Bei dieser „Arbeit" kann Ihr Kind auf einem Hocker bei Ihnen an der Anrichte stehen (aufpassen, dass es nicht herunterfällt) oder auf seinem Hochstuhl am Tisch sitzen.
Beim Schütten trainiert es vor allem die Feinmotorik, die Augen-Hand-Koordination und den Tastsinn.

● **Kneten:** Geradezu begeistert sind Kinder unter zwei Jahren (und auch später noch), wenn sie Teig kneten dürfen. Idealerweise kommt er am Schluss auch in den Ofen und es wird etwas Essbares daraus. Am besten geben Sie beim Backen ihrem Kind immer ein kleines Stückchen Teig und lassen es selbstständig damit experimentieren.
Sie können auch einen extra „Teigtag" veranstalten und Salzteig machen, aus dem sich hübsche Sachen kneten und formen lassen.

Auch beim Backen kann gemeinsames Singen Spaß machen:

Backe, backe, Kuchen
Backe, backe, Kuchen,
der Bäcker hat gerufen.
Wer will guten Kuchen Backen,
der muss haben sieben Sachen,
Zucker und Salz,
Eier und Schmalz,
Milch und Mehl,
Safran macht den Kuchen gel.
Schieb, schieb in'n Ofen rein.
Backe, backe Kuchen,
der Bäcker hat gerufen,
hat gerufen die ganze Nacht,
XXX (Name des Kindes)
hat keinen Teig gemacht,
kriegt sie/er auch kein' Kuchen.

Es klappert die Mühle
1. Es klappert die Mühle
am rauschenden Bach,
klipp, klapp!
Bei Tag und bei Nacht
ist der Müller stets wach,
klipp, klapp!
Er mahlet das Korn
zu dem kräftigen Brot,
und haben wir dieses,
so hat's keine Not.
Klipp, klapp, klipp, klapp,
klipp, klapp!
2. Flink laufen die Räder
und drehen den Stein,
klipp, klapp!
Der Bäcker den Zwieback
und Kuchen draus bäckt,
der immer den Kindern
besonders gut schmeckt.
Klipp, klapp, klipp, klapp,
klipp, klapp!
3. Wenn reichliche Körner
das Ackerfeld trägt,
klipp, klapp!
Die Mühle dann flink
ihre Räder bewegt,
klipp, klapp!
Und schenkt uns der Himmel
nur immer das Brot,
so sind wir geborgen
und leiden nicht Not.
Klipp, klapp, klipp, klapp,
klipp, klapp!

Grundrezept für einen Salzteig

1 Tasse Mehl,
1 Tasse Salz,
8 – 10 Esslöffel Wasser gut vermischen und kneten. Den Teig ausrollen, mit Förmchen verschiedene Motive ausstechen oder freie Formen gestalten.
Die Teigstücke 30 bis 40 Minuten bei 150° backen. Nach dem Abkühlen bemalen oder schon vorher in den Teig Lebensmittelfarben einkneten.
Kneten schult die Grob- und Feinmotorik sowie alle Sinne.

Spülen, abtrocknen, aufräumen – für kleine Kinder gehört dies zu den größten Freuden bei der Küchenarbeit. Lassen Sie sich „helfen“ und überlassen Sie ein paar Stücke Plastikgeschirr Ihrem Kleinen zum Spülen. Wird es dann auch noch gelobt, ist das Glück perfekt.

Spannenlanger Hans'l, Nudeldicke Dirn'

1. Spannenlanger Hans'l,
Nudeldicke Dirn'.
Geh'n wir in den Garten,
schütteln wir die Birn'.
Schüttle ich die großen,
schüttelst du die klein'.
Wenn das Säcklein voll ist,
geh'n wir wieder heim.
2. Lauf' doch nicht so narrisch,
Spannenlanger Hans.
Ich verlier' die Birnen
und die Schuh' noch ganz.
Trägst ja nur die kleinen,
Nudeldicke Dirn'.
Und ich schlepp'
den schweren Sack
mit den großen Birn'.

Nicht nur mit Liedern, sondern auch mit Gedichten geht die gemeinsame Küchenarbeit gut von der Hand:

Das bucklich Männlein

1. Will ich in mein Gärtlein gehn,
will mein' Zwiebel gießen,
steht ein bucklich Männlein da,
fängt als an zu nießen.
2. Will ich in mein Küchel gehn,
will mein Süpplein kochen,
steht ein bucklich Männlein da,
hat mein Töpflein brochen.
3. Will ich in mein Stüblein gehn,
will mein Müslein essen,
steht ein bucklich Männlein da,
hat's schon halber gessen.
4. Will ich auf mein' Boden gehn,
will mein Hölzlein holen,
steht ein bucklich Männlein da,
hat's schon halber g'stohlen.
5. Will ich in mein' Keller gehn,
will mein Weinlein zapfen,
steht ein bucklich Männlein da,
tut mir'n Krug wegschnappen.
6. Setz ich mich ans Rädlein hin,
will mein Fädlein drehen,
steht ein bucklich Männlein da,
lässt mir's Rad nicht gehen.
7. Geh ich in mein Kämmerlein,
will mein Bettlein machen,
steht ein bucklich Männlein da,
fängt als an zu lachen.
8. Will ich an
mein Bänklein knien,
will ein bisschen beten,
steht ein bucklich
Männlein da,
fängt als an zu reden.
9. Liebes Kindlein,
ach ich bitt,
bet' fürs bucklich Männlein mit.

Das Kartoffellied
Pasteten hin, Pasteten her,
was kümmern uns Pasteten?
Die Kumme hier ist auch nicht leer
und schmeckt so gut als bonne chere
von Fröschen und von Kröten.
Und viel Pastet' und Leckerbrot
verdirbt nur Blut und Magen.
Die Köche kochen lauter Not,
sie kochen uns viel eher tot;
Ihr Herren, lasst euch sagen!
Schön rötlich die Kartoffeln sind
und weiß wie Alabaster!
Sie däun sich lieblich und geschwind
und sind für Mann und Frau und Kind
ein echtes Magenpflaster.
(Matthias Claudius)

Die drei Spatzen
In einem
leeren Haselstrauch,
da sitzen
drei Spatzen,
Bauch an Bauch.
Der Erich rechts und links der Franz
und mittendrin der freche Hans.
Sie haben die Augen zu, ganz zu,
und obendrüber, da schneit es, hu!
Sie rücken zusammen dicht an dicht,
so warm wie Hans
hat's niemand nicht.
Sie hör'n alle drei
ihrer Herzlein Gepoch.
Und wenn sie nicht weg sind,
so sitzen sie noch.
(Christian Morgenstern)

Der kleine Kunstreiter
Max durfte in den Zirkus geh'n,
da gab es vielerlei zu seh'n:
Ganz große, wilde Tiere und
auch einen klugen Pudelhund,
der Karten legte – und ein Schwein,
das auf französisch „Oui" konnt' schrei'n.
Der dumme August macht' ihm Spaß,
der jedermann im Wege saß.
Besonders hat's ein Reitersmann
jedoch dem Mäxchen angetan.
Der stand auf seinem
flinken Pferd
auf einem Bein
und ritt verkehrt.
Dann war ein Seil da,
das man schwang,
durch welches Roß und Reiter sprang.
Das war ein Kunststück –
Donnerblitz! –
viel schöner noch
als Augusts Witz … .

Küchenarbeit mit Kind erfordert Zeit

Falls Sie berufstätig sind und abends nur schnell etwas warm machen, können Sie natürlich nicht jeden Tag mit Ihrem Kind in der Küche arbeiten. Das macht nichts. Heben Sie sich und Ihrem Kind das tolle Erlebnis fürs Wochenende auf und beschäftigen Sie sich an mindestens einem Tag etwas länger in der Küche. Falls Ihr Kleines bei der Tagesmutter oder in einer Tagesstätte ist, hat es ja über die Woche vielleicht etwas dazu gelernt, das es Ihnen jetzt zeigen kann.

Als Mäxchen nach Haus gekommen

Als Mäxchen dann
nach Haus gekommen,
hat Gertruds Springtau
er genommen.
Das gab er Fips und Stips ins Maul
und sattelte den Steckengaul.
Das Schwesterchen fasst an das Tau:
Nun, Mäxchen spring'! – Fips bellt:
Wau, wau!
Die Schwester schwingt.
– Max läuft. – Stips bellt. –
Nun, hops! – Max springt.
Und – bums! – Er fällt.
Hier fliegt ein Schuh;
da fliegt der Helm;
hier fliegt das Pferd;
– da liegt der Schelm. –
Die Lehre hat dem Max gezeigt:
Kunstreiter sein ist nicht so leicht.
(Erich Mühsam)

Der kleine weiße Zahn

Viktoria, Viktoria!
Der kleine weiße Zahn ist da.
Du, Mutter, komm,
und groß und klein
im Haus, kommt und guckt hinein
und seht den hellen weißen Schein.
(Matthias Claudius)

Die kleine Hex

Morgens früh um sechs
kommt die kleine Hex;
morgens früh um sieben
schält sie gelbe Rüben;
morgens früh um acht
wird der Kaffee gemacht;
morgens früh um neune
geht sie in die Scheune;
morgens früh um zehne
holt sie Holz und Späne;
feuert an um elfe,
kocht sie bis um zwölfe
Fröschebein und Krebs und Fisch.
Hurtig, Kinder,
kommt zu Tisch!

● **Spülen:** Geschirr spülen übt eine große Faszination auf kleine Kinder aus. Auch wenn Sie selbst die Spülmaschine benutzen: Geben Sie Ihrem Eineinhalbjährigen eine Kunststoffschüssel mit etwas warmem Wasser und Spülmittel. Lassen Sie das Kind sein eigenes Essgeschirr und ein paar zusätzliche Plastik- oder Besteckteile (noch keine Messer) abspülen und abtrocknen.
Das ist eine wirklich schwierige Aufgabe, die Ihrem Kind aber großen Spaß macht und nebenbei noch sein Selbstbewusstsein und seine Koordinationsfähigkeit stärkt.

● **Stapeln:** Im zweiten Lebensjahr lernen Kinder Größen und Formen voneinander zu unterscheiden. Darf Ihr Kind in der Küche Schüsseln (möglichst aus Kunststoff oder Metall) oder Töpfe stapeln, übt es diese Fähigkeit. Auch Schubladen einräumen und Besteck sortieren (keine Messer und Gabeln!) machen dem Kleinen Spaß – wenngleich es sicher noch einige Zeit dauern wird, bis dies richtig klappt.

● **Fühlen:** Für ein sehr beliebtes Spiel, das vor allem den Tastsinn schult, können Sie auch eine Küchenvariante „erfinden“: Legen Sie in ein Säckchen zwei bis drei Sachen – eine Orange, einen Apfel, einen Löffel – und lassen Sie Ihr Kind diese Gegenstände nur mit den Händen erfühlen. Das geht auch nach dem Einkauf: Ihr Kind soll mit geschlossenen Augen die Sachen aus Korb oder Tasche nehmen und erraten.

Helfen und spielen ab 2 Jahren

Alles, was bisher schon Spaß gemacht hat, gehört auch weiterhin ins Küchenhelfer-Repertoire. Entsprechend der größeren Geschicklichkeit kommen noch einige neue Tätigkeiten hinzu.

● **Waschen und schneiden:** Sobald sich Ihr Kind allein die Hände waschen kann (etwa mit zweieinhalb Jahren), ist es auch in der Lage, Obst oder Salat zu waschen. Sie machen ihm eine Riesenfreude, wenn Sie sich dabei helfen lassen. Alles, was unter fließendem Wasser passiert, ist jetzt ohnehin ein ganz besonders großer Spaß für Ihr Kind. Mit einem abgerundeten, stumpfen Messer kann es jetzt auch schon weiches Obst, beispielsweise Bananen für einen Obstsalat, aufschneiden.
Bei diesen Arbeiten werden Feinmotorik, Geschicklichkeit und Koordination gefördert.

● **Salat schleudern und zupfen:** Blattsalate unter fließendem Wasser waschen ist eine wunderbare Arbeit für Ihr Kind – danach den Salat in die Schleuder gegeben und kräftig (mit Ihrer Hilfe) am Schnürchen gezogen. Schließlich kann Sohn oder Tochter die großen Blätter auch noch in mundgerechte kleine Stücke zupfen. Diese Beschäftigung ist nicht nur eine Koordinationsleistung, sondern auch ein Schub fürs Selbstbewusstsein, wenn der tolle Salat gelobt wird.

Obst waschen, weiche Sachen vorsichtig schneiden, den Salat schleudern – das macht einem Zwei- bis Dreijährigen große Freude und schult die Feinmotorik.

● **Backen:** Mehl sieben, mit Förmchen Plätzchenteig ausstechen, den Teigklumpen kräftig kneten und hübsche Figuren daraus formen: Backen gehört nach wie vor zu den Lieblingstätigkeiten in der Küche. Übrigens: Plätzchenformen sind vielseitig verwendbar. Man kann damit auch Wurst und Käse in appetitliche, lustige Formen bringen.
Neben Koordination und Feinmotorik werden Kreativität, Selbstständigkeit und Selbstbewusstsein bei solcher „Arbeit" gefördert.

● **Tisch decken:** Nichts ist wichtiger für Ihr Kind, als etwas eigenständig zu machen, das gleichzeitig der Familie zugute kommt – da gehört das Tischdecken unbedingt dazu. Lassen Sie Ihr Kind Becher und die Teller auftragen – aber einzeln oder höchstens zwei. Dann geht nicht so leicht etwas zu Bruch. Auch Servietten falten und an die Essplätze legen kann Ihr Kind jetzt schon. Bei dieser Arbeit werden nicht nur Koordination, Sinne und Gleichgewicht, sondern auch das Selbstbewusstsein gefördert.

In der Speisekammer gibt es viele interessante Dinge für Ihr Kind zu entdecken. Es sollte nicht unbeaufsichtigt darin stöbern, aber lassen Sie sich helfen, wenn Sie etwas holen: Eine Packung Salz, Mehl, Zucker. Oder geben Sie ihm eine Plastikschüssel, in die es die benötigte Menge an Äpfeln, Zwiebeln oder Kartoffeln legen kann.

Besteck sortieren: Dies ist ein wunderbares Spiel, zum Beispiel während Sie kochen oder eine Arbeit verrichten, bei der Ihr Kind noch nicht mitmachen kann:
Leeren Sie den Besteckkasten auf den Tisch. Achten Sie aber darauf, dass keine scharfen Küchenmesser und sehr spitze Gabeln dabei sind. Lassen Sie den Kasten von Sohn oder Tochter auswischen und neu einsortieren.
Das macht Spaß, gibt ein Gefühl von Wichtigkeit und trainiert feinmotorische und geistige Fähigkeiten. Sortieren, verschiedene Formen und Größen unterscheiden und richtig zuordnen ist gar nicht so einfach.

Spülmaschine bedienen: Auch beim Ein- und Ausräumen der Spülmaschine kann Ihnen Ihr Zwei- bis Dreijähriges schon recht gut helfen. Es kann Teller, Töpfe und robuste Gläser einsortieren oder nach dem Spülen herausnehmen und Ihnen weiterreichen. Wie beim Bestecksortieren schult diese Tätigkeit die Fähigkeit, Formen, Größen und Materialien zu unterscheiden. Die Krönung für Ihr Kind besteht darin, wenn es auch noch auf die Knöpfe drücken darf, damit die Spülmaschine in Gang kommt.

Sinnesrätsel: In der Küche finden sich zahlreiche aufregende und wunderbare Möglichkeiten, spielerisch die Sinne anzuregen.
• Schnupperrätsel für den Geruchssinn: Geben Sie etwas Wohlriechendes (Apfel, Orange, Keks, Schokolade, Seife etc.) in ein Säckchen oder wickeln Sie es in ein Geschirrtuch ein. Sie können Ihr Kind auch einfach die Augen schließen und daran schnuppern lassen. Ihr Kind soll raten, was es ist.
• Für den Hörsinn: Lassen Sie Ihr Kind Geräusche raten: zwei Kaffeelöffel, die aufeinander schlagen; ein hölzerner Kochlöffel, der auf einen Topf trommelt; Reiskörner, die in ein Glas rieseln usw. Was klirrt, scheppert, klingelt, kracht da?
• Für den Tastsinn: Mit geschlossenen Augen soll das Kind Dinge ertasten wie Küchentuch, Teller, Erbsen, Brötchen, Zucker, Nudeln etc.

Schaumschläger: Beliebt und begehrt ist alles, womit man umrühren kann. Geben Sie Ihrem Kind einen Schneebesen und lassen Sie es in einer tiefen Teigschüssel mit Wasser und Spülmittel Schaum schlagen. Falls es Ihnen rundum zu feucht wird: Stellen Sie die Schaumschüssel ins Waschbecken und lassen Sie Ihr Kind dort kräftig rühren. Das fördert seine motorischen Fähigkeiten.
Auch greifen mit der Zange (Nudelzange, Grillzange, Zucker- oder Kekszange) übt die Feinmotorik und Koordination. Lassen Sie Ihr Kind damit verschiedene (leichte) Sachen greifen wie Topflappen, Zuckerstücke, Plastiklöffel, Geschirrtuch, Papp- oder Plastikbecher.
Es sollte nichts Zerbrechliches sein, da anfangs sicher noch einiges auf den Boden fällt.

„Mal doch mal ein schönes Küchenbild“

Es gibt sicher Tage, an denen einfach alles eilig ist oder Sie aus anderen Gründen Ihr Kind nicht helfen lassen können oder wollen. Doch Sie müssen es deshalb nicht aus der Küche verbannen. Geben Sie ihm Buntstifte und Papier und lassen Sie es am Tisch (oder auf dem Boden, das macht kleinen Kindern gar nichts) die Dinge malen, die es aus der Küche kennt: Äpfel, Nudeln, Kochtopf, Sieb, Herd usw.
So fühlt sich Ihr Kind nicht abgeschoben und das Malen ist gut für seine Entwicklung.

Lustige Moosgummi-Magneten können Sie schnell, einfach und günstig selbst anfertigen: Schneiden Sie dafür mit der Schere einfache Figuren – Tiere, Mond, Gespenster, Sonne – aus Moosgummi aus und malen Sie mit einem wasserfesten Stift die Details auf. Auf die Rückseite wird noch ein Magnet geklebt – und fertig sind einfache Spielfiguren, mit denen Ihr Kind auf der Kühlschranktür spielen kann.

● **Singen:** Das Lied von den fleißigen Handwerkern eignet sich besonders gut für die Küchenarbeit: (weitere Lieder siehe S. 49f.)

Wer will fleißige Handwerker seh'n
Refrain:
Wer will fleißige Handwerker seh'n,
ei, der muss zu uns her geh'n.
Strophen:
1. Stein auf Stein, Stein auf Stein,
das Häuschen wird bald fertig sein.
2. Rühre ein, rühre ein, der Kuchen wird bald fertig sein.
3. Oh wie fein, oh wie fein, der Glaser setzt die Scheiben ein.
4. Tauchet ein, tauchet ein, der Maler streicht die Wände fein.
5. Schrumm, schrumm, schrumm,
schrumm schrumm schrumm,
der Schlosser dreht den Schlüssel um.
6. Tief hinein, tief hinein, der
Schornstein wird bald sauber sein.
7. Zisch, zisch, zisch, zisch, zisch,
zisch, der Tischler (Schreiner) hobelt glatt den Tisch.
8. Poch, poch, poch, poch, poch, poch,
der Schuster schustert zu das Loch.
9. Stich, stich, stich, stich, stich, stich,
der Schneider näht ein Kleid
für mich (dich).
10. Hopp, hopp, hopp, hopp, hopp,
hopp, jetzt tanzen alle im Galopp.
11. Trapp, trapp drein, trapp, trapp drein, jetzt geh'n wir von der Arbeit heim.

Spielespaß in der Küche ab 3 Jahren

Die Mithilfe in der Küche bei allem, was es bisher schon konnte und durfte, bleibt für Ihr Kind attraktiv – ebenso natürlich alle Spiele oder Lieder. Nun können Sie ihm noch mehr Selbstständigkeit zutrauen.

● **Kaltmamsell:** Mit einer Bürste im Waschbecken Gemüse säubern, Äpfel oder Bananen für einen Obstsalat aufschneiden, erste Versuche mit dem Gemüseschäler: Kinder, die schon früh in der Küche helfen durften, machen solche Arbeiten gern und sind meist auch schon recht geschickt darin – und trainieren weiter ihre Feinmotorik und Koordination.

Besonderes Vergnügen bereitet es den Kleinen, wenn sie für die Mahlzeit Salat, Obst, Nachtisch oder Gemüsestreifen hübsch auf den Tellern oder in Schüsseln anrichten dürfen. Unter Aufsicht kann Ihr Kind auch leckere Obst-, Gemüse- oder Käsespieße zusammenstellen. Achten Sie aber darauf, dass Ihr Kind vorsichtig mit den spitzen Stäbchen hantiert: Verschiedene Obstwürfel und -scheiben, die Ihr Kleines vorher zugeschnitten hat, oder Stücke von Gemüse – Paprika, Zucchini, Champignons, Cocktail-

tomaten – lassen sich auf Holzspieße stecken. Ebenso ergeben Käsewürfel, Gurkenscheiben und Paprikastreifen ein appetitliches Potpourri, das Ihr Kind sicher mit Stolz präsentieren und auch verzehren wird.
Auch kleine Törtchen kann Ihr Sprössling prima vorbereiten. Kaufen Sie dafür fertige kleine Torteletts, die er mit verschiedenen Obststücken belegen und anschließend mit einem Klecks Sahne verzieren kann. Das schult ganz nebenbei die Sinne, die Feinmotorik und die Kreativität.

● **Brötchen schmieren:** Für ein Kind ist es ein tolles Gefühl, wenn es wirklich wichtige Aufgaben in der Familie erledigen kann, denn dies stärkt sein Selbstbewusstsein enorm. Ein Drei- bis Vierjähriges kann durchaus schon Brot oder Brötchen – etwa fürs Abendessen oder zum Einpacken für Kindergarten, Schule oder Arbeit – mit Butter bestreichen und mit Wurst, Käse, Salat oder Gemüsestreifen belegen. Vielleicht hat es ja selbst noch ein paar Ideen, was auf Brot und Brötchen lecker schmeckt.

● **Einkaufszettel:** Einkaufszettel malen ist ein schönes Kreativitäts- und gleichzeitig Feinmotorikspiel. Dazu brauchen Sie nicht mehr als einen Block und ein paar Buntstifte. Ihr Kind soll dann die Dinge malen, die Sie beim nächsten Einkauf nicht vergessen dürfen: Äpfel, Bananen, Mehl, Zucker, Butter etc. Nehmen Sie den oder die Zettel auch wirklich mit zum Einkaufen, denn damit machen Sie Ihrem Kind eine große Freude und zeigen ihm, dass Sie seine Leistung schätzen.

● **Kühlschrank-Magnete:** Wenn mal keine direkte Kochhilfe gebraucht wird, so kann Ihr Kind die bunten Magneten am Kühlschrank sortieren, neu ordnen oder hübsche Muster oder Bildergeschichten daraus gestalten – je nachdem, welche Figuren Sie haben. Es schult damit seine Kreativität, Konzentration und Kombinationsgabe.

Lustige Brote für kleine Genießer

Kinder mögen belegte Brote und Brötchen umso mehr, wenn sie fantasievoll verziert sind. Lustige Gesichter lassen sich ganz leicht auf die Brotscheibe zaubern: Eine Scheibe Wurst oder Käse bildet die Gesichtsgrundlage. Sie wird mit Eier-, Gurken- oder Karottenscheiben als Augen belegt. Als Nase eignen sich kleine halbierte Radieschen oder rohe Champignons und als Mund Tomatenviertel oder zurechtgeschnittene Käsescheiben. Nach Lust und Laune kann klein geschnittener Schnittlauch als Haare aufgestreut werden.

● **Küchenchef:** Im dritten Lebensjahr werden Rollenspiele für Ihr Kind interessant. Mit diesen Spielen werden soziale Verhaltensweisen trainiert und Erlebnisse verarbeitet. Lassen Sie Ihr Kind in verschiedene Rollen schlüpfen:

Wie klingt das Salzfass? Wie klingen Bohnen? Was ist im Glas? Ein wunderbares Training fürs Gehör sind die unterschiedlichen Geräusche, die man in der Küche produzieren kann.

- Der Küchenchef bestimmt, was es zum Essen gibt und erklärt, wie und vom wem es vorbereitet und gekocht werden muss.
- Der Chefkoch/die Chefköchin kocht das Hauptgericht oder bäckt einen Kuchen.
- Der Küchenhelfer putzt Salat, reicht Gewürze, schält Kartoffeln usw.
- Der Kellner/die Servierdame deckt den Tisch und bringt das Essen zum Tisch.

Besonders schön sind solche Rollenspiele, wenn das Kind noch eine kleine Verkleidung hat, zum Beispiel eine Kochmütze oder eine hübsche Schürze.

Kreative Küchenspiele ab 4 Jahren

Jetzt kommt Ihr Kind langsam in ein Alter, in dem es Ihnen beim Kochen helfen möchte und auch kann, etwa das Ei verquirlen oder die Salatsauce zusammenrühren. Es gibt auch zahlreiche einfache Rezepte, die Ihr Kind mit Ihrer Hilfe zubereiten kann. Am besten besorgen Sie sich ein Kochbuch für Kinder (siehe S. 157) und arbeiten dann gemeinsam in der Küche. Keine Frage, dass das „Selbstgekochte" Ihres Kindes in der Familie auch gegessen (und gelobt) wird. Kochen fördert die Selbstständigkeit, das Selbstbewusstsein, die Experimentierfreude und Risikobereitschaft Ihres Kindes.

● **Abmessen, zählen, rechnen:** Natürlich kann Ihnen Ihr Kind beim Kochen auch auf andere Weise assistieren. Lassen Sie es die Zutaten abmessen oder wiegen. Geben Sie ihm Aufgaben wie Besteck (Gabeln, Löffel usw.), Gläser (Weingläser, Wassergläser etc.), Teller (Suppenteller, Dessertteller usw.) nach Art oder Größe sortieren und zählen. Lassen Sie beim Tischdecken Ihr Kind bereits vorher „ausrechnen", wie viele und welche Teller, Gabeln, Gläser etc. gebraucht werden.

● **Spielen, hören, riechen:** Auch Ihr „großes" Kind liebt noch Küchenspiele, die die Sinne anregen.

- Sie machen Geräusche, zum Beispiel Zucker in die Zuckerdose füllen,

Reis in eine Tasse fließen lassen, Wasser von einem Glas in eine Tasse schütten usw. Ihr Kind soll bei geschlossenen Augen erraten, was es ist.

- Beliebt sind Geschmacks- und Geruchstests nach dem Motto „Mund auf, Augen zu". Sie machen Spaß und schulen die Sinne. Bei diesem Spiel sollten Sie Ihrem Kind nur Nahrungsmittel geben, die es kennt und mag. Scharfe Gewürze und Gemüse wie rohe Zwiebeln sind tabu!
- Ebenso gern werden Fühl- und Tastspiele gespielt, bei denen mit geschlossenen Augen aus vorbereiteten Überraschungstüten Leckerbissen ertastet werden müssen. Bei richtigem „Raten", darf die Schleckerei verzehrt werden.

Welches Häschen hat die meisten Möhrchen, welches die wenigsten? Hat Ihr Kind alle Häschen und Möhren einander zugeordnet, bekommt es zur Belohnung eine Karotte zum Knabbern.

Kissenschlacht im Schlafzimmer

Ein tolles Bett-Spiel: Sie liegen auf dem Rücken, halten Ihr Kind fest bei den Händen und es legt sich mit dem Bauch auf Ihre Füße. Dann strecken Sie vorsichtig ein wenig die Beine. Das macht so viel Spaß, dass Ihr Kind dies sicher auch bei seinem Teddy ausprobieren wird!

Betten machen oder frisch beziehen, Staub wischen, den Boden saugen – auch bei der Arbeit im Schlafzimmer gibt es für Kinder viel zu tun und zu lernen. So erfordert etwa das Aufschütteln eines Kissens oder einer Decke große Koordinationsfähigkeit. Lassen Sie Ihr Kind beim Bettenbeziehen die Knöpfe oder Reißverschlüsse der Bettwäsche öffnen – daran versucht sich bereits ein Zweijähriges gern und mit drei Jahren klappt es dann schon recht gut. Trainiert werden bei dieser Beschäftigung vor allem die feinmotorischen Fähigkeiten.

Für Grobmotorik, Gleichgewichtssinn, Balance und für viel Spaß und Freude können Sie mit einer zünftigen Kissenschlacht sorgen. Darf das Kind auch mal auf den Betten springen (wie auf einem Trampolin), freut es sich sicher besonders. Diese „Belohnung" sollte aber ausnahmsweise vor der Arbeit erlaubt sein. Sonst wird ja das aufgeräumte Schlafzimmer gleich wieder in Unordnung gebracht. Wenn schon von Belohnungen gesprochen wird:

Am Sonntag Morgen vor dem Aufstehen mit den Eltern noch eine Weile im Bett kuscheln, gehört für alle kleinen Kinder zu den schönsten Erlebnissen überhaupt. Auch für viele Erwachsene ist dies eine schöne Kindheitserinnerung, die sie wiederaufleben lassen können.

Also: Bett frei für den Nachwuchs!

Fingerspiele

● **Fingergymnastik:** Legen Sie Ihr Baby zu sich ins Bett und machen Sie mit ihm ein wenig „Fingergymnastik“. Sie sprechen einen Reim und nehmen dazu jeden Finger nacheinander in die Hand – beginnen Sie beim Daumen und enden Sie beim kleinen Finger. Erst die eine Hand, dann die andere:

Das ist der Daumen,
der schüttelt die Pflaumen,
der hebt sie auf,
der trägt sie nach Haus
und der kleine Schlingel
isst sie ganz alleine auf.

● **Wackelfinger:** Das Kind hebt die Hand, alle Finger ausgestreckt. Sie sagen: „Alle Finger wackeln, alle Finger wackeln“ und rütteln dabei sanft am kleinen Finger. Dann: „Einer fällt um, dann sind es nur noch vier“, dabei knicken Sie den kleinen Finger ein wenig ein. So lange weitermachen, bis nur noch eine Faust zu sehen ist. Anschließend fahren Sie mit der anderen Hand fort.

● **Morgengruß:**
Fünf Fingerlein, die schlafen fest,
gerade wie in einem Vogelnest.
Da kommt die liebe Sonn' herauf
Und scheint auf sie hinauf.
Der Daumen,
der wacht als Erster auf.
Er reckt sich und streckt sich
und ruft erfreut:
„Guten Morgen, liebe Sonne,
schön ist es heut'!“
Dann klopft er seinem Nachbarn
auf den Rücken:
„He, aufgewacht.
Genug geschlafen die ganze Nacht!“
Der reckt sich und streckt sich
und ruft erfreut:
„Guten Morgen, liebe Sonne,
schön ist es heut'!“
Dann haben die beiden
getanzt und gelacht.
Da sind die drei anderen
auch aufgewacht.
Sie recken sich und
strecken sich
und rufen erfreut:
„Guten Morgen,
liebe Sonne, schön ist es heut'!“
Die linke Hand zur Faust ballen und die rechte darüber legen. Wenn die Sonne aufgeht, die rechte Hand flach über die linke halten. Der linke Daumen streckt und räkelt sich und tippt danach den Zeigefinder an. Beide Finger wackeln nun hin und her und zum Schluss, bei der letzten Strophe wackeln alle Finger und die ganze Hand.

Turnspiele

Wenn Ihnen nach dem Aufräumen einmal etwas Zeit bleibt, machen Sie doch noch ein paar schöne Turnspiele mit Ihrem Kind im Schlafzimmer. Auf den Betten ist genug Platz dafür und für Kinder gibt es nichts schöneres, als auf den Betten der Eltern herumzutoben.

● **Kletterbaum:** Machen Sie sich im Bett für Ihr Kind (ab 9 Monaten) zum „Kletterbaum“. Sie liegen auf

Eine Hand voll lustiger Fingerpüppchen

Mit Hilfe selbst gefertigter Fingerpüppchen werden nicht nur die Fingerspiele interessanter, sondern lassen sich auch hervorragend Geschichten untermalen. Da sich die Püppchen schnell basteln lassen, können Sie sich leicht einen größeren Fundus unterschiedlicher Figuren zulegen. Als Grundform bieten sich Styroporkugeln oder Streichholzschachteln an, auf die Augen, Nase und Ohren aufgemalt werden. Angeklebte Wollhaare und zurechtgeschnittene Ohren aus Stoff oder Karton geben die individuelle Note.

Legen Sie sich neben Ihr Kind. Jeder streckt den Daumen einer Hand hoch. Einer heißt Himpelchen, der andere Pimpelchen. Die Geschichte der beiden geht so:

Himpelchen und Pimpelchen stiegen auf einen Berg.
Himpelchen war ein Heinzelmann und Pimpelchen war ein Zwerg.
Sie blieben dort oben lange sitzen und wackelten mit ihren Zipfelmützen.
Doch nach fünfundsiebzig Wochen sind sie in den Berg gekrochen.
Schlafen dort in guter Ruh.
Sei mal still und hör gut zu.
Krrrrrrrr.

dem Rücken und animieren das Kleine, über Sie hinüber zu klettern. Oder Sie gehen in den Vierfüßlerstand. Nun darf das Kind (ab etwa eineinhalb Jahren) das „Pferd" besteigen und ein wenig darauf reiten. Oder Sie legen sich auf den Bauch, das Kind darf sich auf Ihren Rücken setzen, dann erheben Sie sich langsam in den Vierfüßlerstand. Je nach Temperament und Alter Ihres Kindes können Sie auch ein „scheuendes" Pferd sein, das seinen Reiter immer wieder abwirft. Passiert dies auf dem Bett, fällt der Reiter weich und es passiert nichts. Dieses Spiel fördert die Koordination und den Gleichgewichtssinn.

● **Schaukel:** Für dieses Spiel sind beide Eltern notwendig. Nehmen Sie eine Wolldecke, jeder an einer Schmalseite. Das Kind darf sich in die Mitte legen, Sie nehmen die Decke auf und schaukeln Ihr Kind sanft hin und her. Wenn Sie beide dabei auf dem Bett stehen, hat dies zwei Vorteile: Falls das Kind herausfällt, fällt es weich. Als besonderen Gag können Sie es zum Schluss sanft aus der Decke aufs Bett gleiten lassen (bitte nur ein paar Zentimeter über dem Bett, nicht höher).

● **Brücke:** Die gute alte Brücke macht auch im Bett großen Spaß: Sie gehen in den Vierfüßlerstand, bilden so die Brücke. Das Kind muss unten durch und oben drüber. Aber die Brücke verändert sich immer wieder, wird höher und tiefer, breiter und enger.

● **Riese:** Sobald Verkleiden „in" ist (etwa ab zwei Jahren), macht dies besonders großen Spaß: Mutter oder Vater setzen sich das Kind auf die Schultern. Dann (oder schon vorher) wird dem Kind ein langer Mantel von Mutter oder Vater angezogen und zugeknöpft. Für den „tragenden" Elternteil muss unbedingt ein Sehschlitz offen bleiben. Ein „fürchterlicher" Riese ist so entstanden, der nun vor dem großen Spiegel im Schlafzimmer hin und her geht (damit das Kind den Riesen auch gut sehen kann) und eine Geschichte aus seinem Riesenleben erzählt.

Versteckspiele

Im Schlafzimmer Verstecken spielen macht großen Spaß. Ihr Kind kann unters Kissen oder unter die Decke krabbeln, sich hinter dem Schrank verstecken, plötzlich mit der Decke über dem Kopf zum fürchterlichen Gespenst werden usw.
Auch Spielsachen (Ball, Puppe) lassen sich gut verstecken und wieder suchen.

Rückzugsgebiet Kinderzimmer

Laut einer Umfrage des Online-Journals „Familie leben“ aus dem Jahr 2002 sind 95 Prozent aller Eltern der Ansicht, dass Kinder ein eigenes Zimmer brauchen – die meisten, so stellte sich bei weiteren Fragen heraus, vor allem deshalb, damit die Spielsachen nicht die ganze Wohnung in Beschlag nehmen.

Doch was brauchen Kinder wirklich und was ist zur Förderung ihrer Fähigkeiten notwendig? Die Antwort hängt vom Alter des Kindes und auch von den Möglichkeiten der Eltern ab.

Ein Baby braucht kein eigenes Zimmer. Es fühlt sich in allernächster Nähe der Eltern am wohlsten – auch nachts. Das Kleine braucht sicher ein eigenes Bett (oder anfangs eine Wiege oder einen Stubenwagen). Doch dieses kann während der ersten Monate durchaus im Schlafzimmer der Eltern untergebracht sein. So hören Mutter und Vater nachts sofort, wenn das Kleine etwas braucht. Sie müssen nicht weit gehen, können es oft schon „per Zuruf“ wieder beruhigen. Natürlich kann auch ein Baby schon sein eigenes Zimmer haben, wenn es in der Wohnung vorhanden ist. Doch dann sollten die Türen zwischen dem Baby- und dem Elternzimmer möglichst offen bleiben.

Auch das Krabbelkind und das Kind, das gerade Laufen kann, wird sich – außer zum Schlafen – wenig im eigenen Zimmer aufhalten. Für das Kleine ist die ganze Wohnung der größte Abenteuerspielplatz, die unmittelbare Nähe zu Mutter und Vater immer noch sehr wichtig. Das beste Förderprogramm besteht ja außerdem darin, es am Familienalltag teilhaben zu lassen, es in alle Tätigkeiten einzubinden.

Etwa ab zwei bis drei Jahren, wenn der Kontakt zu anderen Kindern immer mehr an Bedeutung zunimmt und auch mal Freunde eingeladen werden, wird auch das eigene Zimmer wichtig. Ist die Wohnung nicht groß genug, reicht auch eine „Kinderecke“ – etwa im Wohn- oder auch im Schlafzimmer –, in der Spielsachen verstaut werden, wohin sich das Kind auch einmal zurückziehen und wo es

Türschild zum Selberbasteln

Größere Kinder möchten auch mal ungestört in ihrem Kinderzimmer spielen. Ein Türschild ist dann genau das Richtige.
Kleben Sie ein vergrößertes Porträtfoto Ihres Kindes auf einen passenden festen Karton. Schneiden Sie die Augen aus und befestigen Sie dahinter mit einer Musterklammer eine runde Kartonscheibe, die etwas größer als das Foto ist. Auf die Scheibe schreiben Sie verschiedene Ansagen, die beim Drehen sichtbar werden. Zum Aufhängen am oberen Rand noch eine Kordel befestigen.

Vorlage für ein Türschild: Am besten eignet sich stabiler Karton.

sich nach eigenem Belieben einrichten kann. Denn das sollte ein Kinderzimmer auf jeden Fall sein: Der ganz persönliche Bereich des Kindes, in dem es sich wohl fühlt und wo es weitgehend selbst bestimmen kann, wie es dort aussieht.
Wichtig ist dieser persönliche Bereich auch deshalb, weil dort auch mal etwas stehen bleiben kann: der Bauklötzchenturm, das Lego-Auto, das begonnene aber nicht fertig gestellte Puzzle, die Ritterburg, auf der sich gerade tolle Dinge abspielen, die Autorennbahn und, und, und.

Einrichtung fürs Kinderzimmer

Ein Kinderzimmer sollte also ganz aufs Kind zugeschnitten sein. Das heißt: Eigene, kindgerechte Möbel (keine Abstellkammer für ausrangierte Erwachsenenmöbel) und kindgemäße Farbgestaltung – ab etwa vier Jahren können Sie Ihr Kind durchaus mitbestimmen lassen. Sinnvoll sind Regale, Truhen und Kommoden in Kinderhöhe. Nur dann kann Ihr Kind alleine aufräumen. Wunderbar zum Wohlfühlen ist eine Kuschelecke mit Kissen und Decken. Ideal ist auch Bewegungsspielzeug wie eine Sprossenwand (Leiter), Rutschbahn, Wippe o. ä.
Ist wenig Platz im Kinderzimmer, was leider in deutschen Wohnungen meist der Fall ist, bietet sich an, ein Hochbett (frühestens ab vier Jahren) zu besorgen. Das ist ein prima Klet-

terteil mit Sprossenwand (Leiter) und darunter lässt sich eine gemütliche Kuschelecke einrichten.

Wichtig: Das Bett muss absolut sturzsicher befestigt sein.

Viele Eltern sind laut Umfrage sogar bereit, ihr eigenes Schlafzimmer gegen das winzige Kinderzimmer zu tauschen, damit dem Nachwuchs mehr Platz zur Verfügung steht.

Ordnung im Kinderzimmer

Ordnung ist für viele Menschen ein Reizwort. Für die einen, weil sie sehr pingelig sind und schon Schweißausbrüche bekommen, wenn sie einen schrägen Bilderrahmen an der Wand sehen. Für die anderen, weil sie ein wenig chaotisch sind und selten das finden, was sie gerade brauchen. Für die allermeisten aber, weil sie mit Menschen zusammenleben müssen, die eine andere Vorstellung von Ordnung haben als sie selbst.

Wer Kinder hat, für den trifft beinahe immer der letzte Punkt zu. Denn Kinder müssen Ordnung erst lernen. Was aber viel wichtiger für sie ist: Sie benötigen ein gewisses Chaos (das ist es ohnehin nur in den Augen Erwachsener), damit sich ihre Kreativität entwickeln kann. Wenn sie Ausdauer und Konzentration lernen sollen, sollten sie beim Spielen nicht gestört werden. Im Übrigen wird der Ordnungssinn bei Kindern am intensivsten durch das Vorbild und Beispiel der Erwachsenen geschult. Ihr Kind schaut bei Ihnen ab, wie Sie mit Ordnung umgehen. Da es bestrebt ist, Ihnen möglichst alles nachzumachen – so zu sein, wie Sie –, wird es letztendlich viel von Ihrer Art, Ordnung zu schaffen und zu halten, übernehmen. Manchmal zeigt sich dies allerdings erst nach Jahren.

Leere Chipsdosen oder Waschmittelbehälter können leicht zur Aufbewahrungsbox oder als Mülleimer umfunktioniert werden: Bunt angemalt und mit Gesicht, Beinen und Schwanz aus Wellpappe wird daraus ein „gefräßiger" Hund oder ein anderes Tier, das Spielsachen oder Müll einfach „verschluckt".

Bis dahin sollten Sie Geduld haben und akzeptieren, dass Ihr Kind in seinem Reich seine eigene Vorstellung von Ordnung verwirklichen darf – wenn eine gewisse Ordnung und Übersichtlichkeit dabei zu erkennen ist.

Selbstverständlich sind Grenzen erforderlich. Lebensmittel, vor allem verdorbene, haben im Kinderzimmer nichts zu suchen. Ebenso wenig nasse Kleidung oder Straßenschuhe. Benutzte Taschentücher gehören in den Müll (oder in die Wäsche, wenn sie aus Stoff sind), denn sie erhöhen die Ansteckungsgefahr. Sicher gibt es in jeder Familie einige Dinge, für die trotz größter Toleranz Kompromisse gefunden werden müssen. Von Zeit zu Zeit (etwa einmal pro Woche) muss das Kinderzimmer auch so aufgeräumt werden, dass saubergemacht werden kann. In der übrigen Wohnung gelten natürlich die allgemeinen Familienregeln.

Kreative Spielsachen fürs Kinderzimmer

Das Kinderzimmer eignet sich besonders als Aufbewahrungsort für die Kreativ-Spielsachen Ihres Kindes: In einem Regal oder einer Schublade lassen sich Farbstifte, Wachsmalkreiden, Wasser- oder Fingerfarben, Pinsel und Kreiden aufbewahren. Außerdem darf Papier nicht fehlen (zum Bemalen eignen sich viele verschiedene Untergründe: Blöcke, weiße Blätter, Packpapier, alte Zeitungen und auch Holz).

Auch Bastelmaterial wie Knete, Perlen zum Auffädeln, Karton zum Häuserbauen und Stoff für Kollagen hat im Kinderzimmer einen guten Platz, ebenso alte Kleider, Hüte, Schals etc. für Verkleidungs- und Rollenspiele.

Wenn Sie wollen, dass Ihr Kind auch mal in seinem Zimmer spielt, geben Sie ihm ein paar Anregungen. Beim Zweijährigen müssen Sie vielleicht selbst noch ein wenig mitmachen. Ab drei Jahren kann ein Kind sich schon relativ lange allein beschäftigen oder freut sich, wenn es Freunde zu Besuch hat. Vier-, Fünfjährige ziehen sich auch mal von sich aus in ihr Zimmer zurück, um in Ruhe eigene Ideen zu verwirklichen. Besonders, wenn sie Besuch von Freunden haben, heißt es dann sogar meist für Mütter und Väter: Bitte nicht stören. Respektieren Sie diesen Wunsch und platzen Sie nicht ohne anzuklopfen in das Kinderzimmer.

Einfache Spiele ab 2 Jahren

● **Abdruckbilder:**
Material: Packpapier und verschiedene Fingerfarben.
Das Kind macht seine Handflächen voll Farbe und drückt sie aufs Papier. Ein schönes Bild!

● **Strukturbilder:**
Material: Strukturierte Papiere oder Holz sowie Kreide oder Wachsmalstifte in verschiedenen Farben.
Einfach mit der Farbe über den Untergrund malen und dann sehen, welches Bild entstanden ist.

● **Erste „Instrumente“:**
Material: Papprollen von Küchentüchern oder Toilettenpapier.
Das Kind spricht, singt und bläst hinein, erzeugt unterschiedliche „Musik“.

● **„Taschentuchpuppen:**
Material: Bunte Stofftaschentücher, Styroporkugeln Ø 3 cm, Wollfäden, Filzstifte in verschiedenen Farben, ev. Wollreste, Bastelkleber.
In die Mitte eines Taschentuchs die Styroporkugel legen, mit dem Stoff umfassen und mit einem Wollfaden abbinden. Anschließend ein Gesicht aufmalen und Wollfäden als Haare aufkleben.
Ältere Kinder (ab 3 bis 5 Jahren) können die Stoffecken zusätzlich als Arme und Beine abbinden. Mit diesen Püppchen lässt sich großartig spielen.

● **Bunte Ketten:**
Material: Holzperlen, verschiedene Nudeln mit Loch, große Knöpfe, Nylon- oder Wollfaden.
Einen Faden in ausreichender Länge abschneiden, sodass er bequem über den Kopf passt. Perlen, Nudeln und Knöpfe abwechselnd auf den Faden ziehen und anschließend die Enden verknoten. Auf diese Weise lassen sich auch Armbänder oder Schlüsselanhänger basteln.

● **Fadenbilder:**
Material: Tonpapier, bunte Wollfäden in unterschiedlichen Stärken, Bastelkleber.
Wollfäden in unterschiedlicher Länge zuschneiden und mit dem Kleber lustige Motive auf das Papier kleben. Zusätzlich kann das Bild mit kleinen Papierkügelchen verziert werden.

● **Papierdeckchen:**
Material: Papier, Schere.
Ein großes Blatt Papier – sehr hübsch macht sich farbiges Ton- oder Transparentpapier – mehrfach zusammenfalten und mit der Schere am Rand

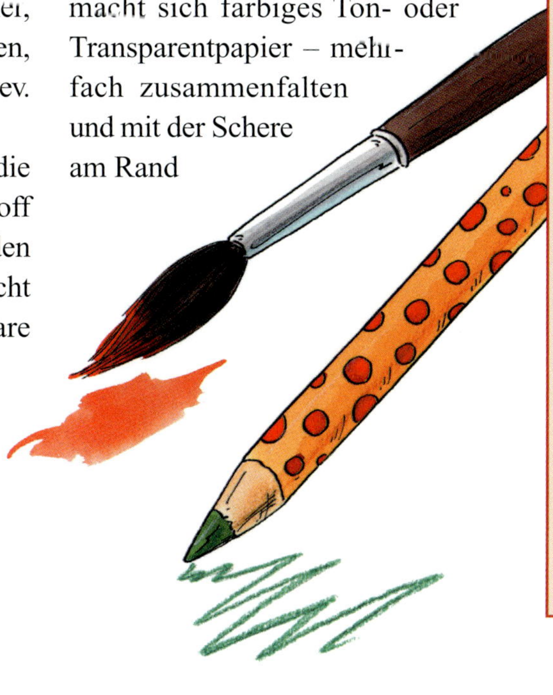

Stachelige Tiere mit Wäscheklammern

Mit einfachen Wäscheklammern lassen sich die tollsten Stachel- und Mähnentiere basteln: Auf einen Karton eine Igel-, Stachelschwein- oder Löwenfigur zeichnen und ausschneiden (bei kleineren Kindern muss die Mutter dabei noch helfen). Als Stacheln von Igel und Stachelschwein und als Mähne des Löwen werden anschließend Wäscheklammern angeklammert. Auch Esel, Pferd, Zebra oder Katze können mit Wäscheklammern herausgeputzt werden.

Aus Bildern von Tieren – aus Zeitschriften ausgeschnitten oder selbst gemalt – lassen sich fantasievolle Puzzlebilder zusammensetzen: Kopf und Körper auseinander schneiden und in anderen Kombinationen aneinanderfügen.

kleine Muster ausschneiden. Wenn man das Blatt wieder auseinanderfaltet, entsteht ein Deckchen mit hübschen Lochmustern, das man an die Wand oder ans Fenster hängen kann.

● **Eierbecher:**
Material: Eierkartons, Farbstifte oder andere Farben, Schere.
Den Eierkarton mit der Schere in die einzelnen Segmente zerschneiden (dabei müssen Sie noch etwas helfen, da der Karton recht sperrig ist) und diese bunt anmalen. Die Eierbecher werden etwas haltbarer, wenn sie anschließend mit Klarlack überzogen werden. Eierkartons lassen sich auch gut als Behälter für Schmuck oder andere „Schätze" verwenden. Dafür die Eierkartons ganz lassen und nach Lust und Laune bunt bemalen, mit Papierschnipseln oder -kügelchen bekleben oder mit Wollfäden verzieren.

● **Klebebild:**
Material: Kataloge, größeres Papier, z.B. Packpapier, Klebstoff, am besten ein Klebestift, evtl. Buntstifte.
Das Kind kann aus dem Katalog Bilder ausreißen und dann auf das große Blatt Papier aufkleben. So ent-

stehen hübsche Kollagen. Eine andere Möglichkeit ist, dass Ihr Kind Figuren auf Papier malt, die Motive ausreißt und dann auf ein größeres Papier aufklebt.

● **Fingerkasperle:**
Material: Einfache Papiertüten, Schere, Bleistift oder Buntstifte.
In die Tüte werden drei Löcher geschnitten, durch die man Daumen, Zeigefinger und Mittelfinger als Nase und Ohren stecken kann. Dann kann man nach Lust und Laune noch ein Gesicht – einfach mit Bleistift oder mit bunten Stiften auf die Tüten aufmalen (siehe Bild oben). So lässt sich wunderbar Kasperle spielen oder eine hübsche Geschichte erzählen.

● **Fingerwichtel:**
Material: Wasser- oder Fingerfarben.
Lassen Sie Ihr Kind die Fingerspitzen in die Farben eintauchen oder geben Sie ihm auf jeden Finger einen Farbklecks. Sie selbst können das auch bei sich machen. Nun hat jeder zehn kleine Fingerwichtel, mit denen sich prima spielen lässt.

● **Stabpuppe:**
Material: Ein Kochlöffel, eine kleine Papiertüte, Stifte, Bindfaden, Wolle, Kleber.
Auf die Papiertüte ein Gesicht malen (oder mit Knöpfen aufkleben). Dann die Tüte über den Kochlöffel ziehen und unten festbinden (siehe Bild). Die Wollfäden in kurze Stücke schneiden und oben als Frisur ankleben.

● **Geduldspiel:**
Material: Ein Schuhkarton mit Deckel, verschiedenfarbiger fester Karton.
In den Schuhkarton schneiden Sie unterschiedlich lange Schlitze (siehe Bild unten). Aus dem bunten Karton schneiden Sie unterschiedlich geformte Streifen, die gerade mal durch die einzelnen Schlitze passen. Für Ihr Kind ist es ein spannendes Geduldspiel, die Streifen durch die Schlitze zu stecken.

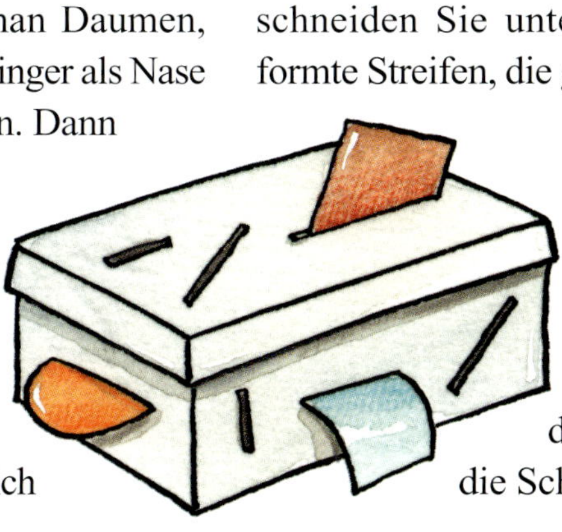

Zum Einschlafen ein Sandmännchen

Kleine Kinder brauchen Sicherheit, damit sie abends leichter und ruhig einschlafen können. Ein Figürchen, das immer dabei ist, kann einem Kind solche Sicherheit geben.
Aus Karton, Buntpapier und einem Flaschenkorken können Sie ein Sandmännchen mit seinem „Traumbett“ bauen. Dazu passt ein hübsche Einschlafgeschichte. Zum Beispiel: „Wenn du schläfst, holt das Sandmännchen lauter schöne Träume aus seinem Bett und schenkt sie dir …“

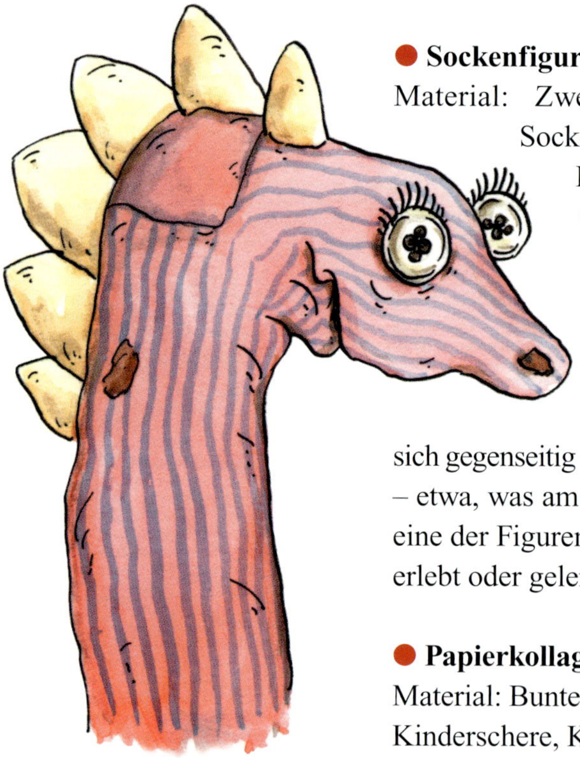

Das Spiel mit Sockenfiguren regt die Fantasie des Kindes an und fördert seine Sprachentwicklung.

Beliebte Spielideen ab 3 Jahren

● Sockenfiguren:
Material: Zwei unterschiedliche Socken.
Die Socken werden über die Hände gezogen und stellen zwei verschiedene Fantasiegestalten dar, die sich miteinander unterhalten oder sich gegenseitig Geschichten erzählen – etwa, was am Tag passiert ist, was eine der Figuren vorhat oder was sie erlebt oder gelernt hat.

● Papierkollagen:
Material: Buntes Papier, Packpapier, Kinderschere, Klebstoff.
Ihr Kind kann Muster und Bilder aus dem Papier ausschneiden oder ausreißen und dann zu einer Kollage auf einen großen Bogen Packpapier kleben. Variante: Das Kind schneidet aus einem alten Katalog Dinge aus, die es sich wünscht oder die es bereits aus dem Haushalt oder von anderen Leuten kennt.

● Bilderbuch:
Material: Ein paar Blätter leeres Papier, Heftklammern, Buntstifte oder andere Farben.
Heften Sie das Papier an einer Seite zusammen. Das Kind darf nun ein Bildergeschichte in das „Buch" malen. Sie können das Kind auch erst für das Buch malen lassen und am Ende die Seiten zusammen heften.

● Ketten auffädeln:
Material: Glas- und Holzperlen, andere kleine Gegenstände, die ein Loch in der Mitte haben wie etwa Knöpfe. Schnüre aus Wolle, Zwirn, Leder oder Plastik (zum Beispiel Angelschnur). Damit kann das Kind für sich und seine Puppen oder Stofftiere schöne Ketten auffädeln.

● Indianer:
Material: Pappkern einer Klopapierrolle, Wollfäden, Federn, Buntstifte, etwas Papier oder Pappe, Kleber.
Die Klopapierrolle wird „indianerbunt" bemalt und bekommt ein Gesicht. Für die langen Indianerhaare werden die Wollfäden an einem Ende fest zusammengebunden und über das obere Ende der Papprolle gestülpt. Anschließend aus Papier oder Pappe noch Füße ausschneiden und unten ankleben. Zum Schluss kommt noch das Stirnband dran.

Stempelbilder:
Material: Fingerfarben, Papier.
Geben Sie Ihrem Kind ein Blatt Papier und zwei oder drei Töpfchen Fingerfarben. Dann darf es seine Finger eintauchen und damit auf das Papier „stempeln". Die Fingerstempel werden zu lustigen Bildern angeordnet. Etwa zu einem Gesicht oder einem Baum oder einem Auto usw.

Herbstbild:
Material: Bunte vom Baum gefallene Blätter, kleine Zweige, evtl. gefundene Federn, Karton, Klebstoff.
Da macht schon das Sammeln des Materials großen Spaß. Man muss nicht extra dafür raus, sondern kann jeden Spaziergang dafür nutzen und immer schöne Blätter oder Ähnliches für ein Bild mit nach Hause nehmen.
Daheim darf das Kind seine Schätze dann in kreativer Anordnung auf einen Karton kleben und das Bild am Ende aufhängen.

Girlande:
Material: Krepppapierstreifen in verschiedenen Farben, Heftklammern.
Drei Streifen in unterschiedlichen Farben nehmen, an einem Ende zusammentackern, dann die Streifen zu einem lockeren Zopf flechten. Das Ganze erhält mehr Fülle, wenn man die Streifen doppelt nimmt. Der fertige Zopf kann als Girlande im Zimmer aufgehängt oder als lustiges „Kränzchen" um den Kopf gebunden werden.

Treppengirlande:
Material: Krepppapierstreifen (es geht auch anderes Papier, dann wird die Girlande aber steifer). Man nimmt zwei verschieden farbigen Streifen und klebt oder tackert sie an einem Ende zusammen und zwar so, dass sie im rechten Winkel aufeinander liegen. Dann wird immer der untere Streifen über den oberen gelegt und fest gefaltet. Zieht man am Schluss die „Faltung" auseinander, entfaltet sich eine sehr schöne Girlande.

Handbilder:
Material: DIN A 4 Papier, mindestens zwei Blätter, Buntstifte oder Filzstifte, Kinderschere.
Das Kind legt eine Hand flach aufs Papier und zieht mit einem Stift die Konturen nach – Finger für Finger. Es kann die Hand ausschneiden und auf ein anders farbiges Papier kleben, mehrere Hände malen und ausschneiden oder auch mehrere Hände „ineinander" malen.

Kinder beobachten die Erwachsenen und ihre Verhaltensweisen genau und ahmen diese nach. So spiegelt sich das häusliche Familienleben im Spiel mit dem Puppenhaus wider.

Fantasievolles Basteln ab 4 Jahren

● **Löffelkerlchen:**
Material: Kochlöffel, Stoff, Pappe oder Leder, Wollfäden, Moosgummi, Styroporkügelchen oder Wackelaugen, Filzstifte in verschiedenen Farben. Kochlöffel können zu den schönsten Puppen umfunktioniert werden. Das Gesicht wird mit Filzstiften aufgemalt, als Augen können auch Styroporkügelchen- oder Wackelaugen aufgeklebt werden. Je nach Figur eignen sich als Ohren kleine Stücke aus Stoff, Pappe oder Leder. Wollfäden oder zugeschnittenes Moosgummi als Haare angeklebt – und fertig ist die Puppe. Wer mag, kann noch aus einem Stück Stoff oder einem Taschentuch ein nettes Kleid basteln.

● **Anhänger aus Salzteig oder Fimo:**
Material: Fimo oder Salzteig (Rezept S. 49), Lederband, Kordel.
Fimo oder den Salzteig ein bis zwei Zentimeter dick ausrollen. Mit kleinen Backförmchen Figuren, Herzen, Sterne usw. ausstechen oder mit einem stumpfen Messer Formen ausschneiden. In die Mitte ein Loch bohren und die Figuren im Backofen härten. Anschließend als Anhänger auf ein Band ziehen.

● **Transparentbilder**
Material: Buntes Transparentpapier, Pappe, Kleber, Schere.
Aus dem Transparentpapier schneidet das Kind hübsche Formen aus und klebt sie anschließend auf anders farbiges Transparentpapier. Ist das Bild fertig, wird aus Pappe ein Rahmen gebastelt (er muss nicht genau viereckig sein, sondern kann durchaus auch andere witzige Formen haben). solche durchscheinenden Bilder machen sich am besten am Fenster oder vor anderen Lichtquellen.

● **Steinfiguren:**

Material: Kieselsteine vom letzten Spaziergang mitgebrachte), Fingerfarben, Pinsel. Die Steine werden hübsch bemalt. Wenn sie fertig sind, können Sie noch Klarlack darüber ziehen, damit sie haltbar bleiben. Man kann auch mehrere Kiesel zu lustigen Figuren zusammenkleben.

● **Kollagen:**
Material: Sand, Watte, verschiedene Stoff- und Wollreste, kleine Steinchen, Klebstoff, Karton oder Holz. Die unterschiedlichen Materialien können, zu einem hübschen Bild „komponiert“, auf Karton oder ein Holzbrett aufgeklebt werden. Wer Lust hat, kann das eine oder andere auch noch bemalen.

● **Püppchen-Cabrio:**
Material: Papprolle, z.B. das Innere einer Klopapierrolle oder von einer Küchenkrepprolle, Deckel von einem Eierkarton für sechs Eier, Farbe, Klebstoff, Schere.

Der umgedrehte Deckel des Eierkartons ist der Wagen. Darunter werden als Räder (die sich allerdings nicht drehen) vorne und hinten je eine Papprolle geklebt. Wer Lust hat, kann das Cabrio noch hübsch bemalen oder mit Krepp-Papier, kleinen Steinchen oder Watte eine „Innenausstattung" dazu basteln und in den Karton kleben. Danach dürfen kleine Püppchen oder Plastik-Spielfiguren mit dem Cabrio durch die Gegend fahren.

● **Regatta:**

Material: Flaschenkorken, Zahnstocher oder Holzspießchen, Faden, ein kleines Stück Stoff- oder ein Papiertaschentuch.

Aus Korken lassen sich viele schöne Dinge basteln. Zum Beispiel ein Floß mit Segel (das schwimmt sogar wirklich, etwa im Waschbecken oder in der Badewanne oder in einer Schüssel mit Wasser). Dazu mehre Korken wie auf dem Bild unten mit Zahnstochern oder Holzspießchen verbinden. Möglicherweise müssen die Korken vorher mit etwas Spitzem angebohrt werden. Das sollte aber unbedingt ein Erwachsener machen. In der Mitte ein längeres Holzspießchen als Mast. Daran wird das „Segel" befestigt. Der Mast kann zusätzlich mit Fäden stabilisiert werden.

● **Telefon:**

Material: Zwei leere Joghurtbecher aus Plastik, dicker Zwirn- oder dünner Bindfaden.

In die Böden der Joghurtbecher werden kleine Löcher gebohrt oder gestochen (das muss ein Erwachsener machen). Dann wird ein etwa zweieinhalb bis drei Meter langer Faden von unten durch das Bodenloch jedes Bechers gesteckt und durch einen großen Knoten befestigt. Geht man nun auseinander bis der Faden straff gezogen ist, kann einer in den Becher hineinsprechen und der andere ihn am anderen Ende hören, wenn er seinen Becher ans Ohr hält.

Schnelle Pantoffeln aus Zeitungspapier

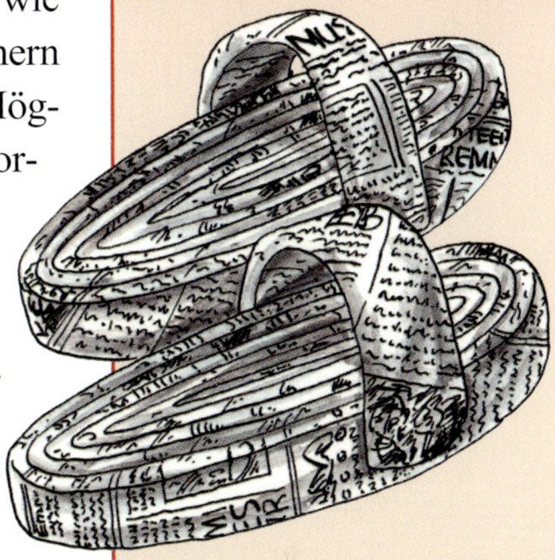

Für die schnellen Schuhe wird Zeitungspapier zu langen Streifen gefaltet und zu einer länglichen Form aufgerollt, bis die Größe der Fußsohle erreicht ist. Alle Lagen gut mit Kleber befestigen. Als Halteriemen dient ein weiterer gefalteter Papierstreifen, der quer über den Rist gelegt und seitlich angeklebt oder mit einem Tacker befestigt wird (dabei sollte die Mutter helfen).

Für einen vierzackigen Stern ein quadratisches Stück Karton einmal längs, dann quer falten. Von der offenen Spitze aus bis etwa zur Mitte der äußeren Kanten je eine Linie ziehen und die auf diese Weise markierten Dreiecke abschneiden. Ebenso einen zweiten Stern anfertigen und beide versetzt aufeinander kleben.

Kreativspiele ab 5 Jahren

● Hausbau:
Material: Schuhschachteln, Farben, Schere, Kleber.
Aus den Schachteln lassen sich wunderbare Gebäude basteln: Häuser, Läden, Schlösser, Schulen für Puppen und Stofftiere etwa. Fenster und Türen werden mit der Schere hineingeschnitten. Mit Buntstiften, Kreiden oder Wasserfarben lässt sich der kleinen Stadt auch noch ein hübscher Anstrich verpassen.

● Papiergeld:
Material: Verschiedene Geldmünzen, Papier, Bleistift oder Buntstifte.
Das Papier wird auf die Münze gelegt und festgehalten. Mit dem Stift wird die Münze durchgezeichnet. Dazu den Stift sehr schräg halten und mit Druck auf der Mine schnell hin- und herstreichen. Am Schluss können die Papiermünzen ausgeschnitten und als Spielgeld verwendet werden.

● Schaufellader:
Material: Schachteln, Pappe, Wellpappe, Klopapier- oder Küchenrollen, Kleber, Musterklammern.
Zwei Schachteln bilden Führerhaus und Motorblock. Anschließend werden die Fenster und Türen (nur an drei Seiten) ausgeschnitten und Wellpappequadrate als weitere Fenster und Kühlergrill aufgeklebt. Auch die Raupen – aus Wellpappestreifen und Klopapierrollen zusammengesetzt – werden angeklebt. Die Schaufel ist sogar beweglich, wenn man sie mit Musterklammern befestigt. Noch ein Pappdach und ein Stück Klopapierrolle als Auspuff angeklebt – und fertig ist der Schaufellader.

● **Tischkarten:**
Material: Buntes Tonpapier 10 x 10 cm, Buntstifte oder Wachsmalkreiden.
Das Tonpapier in der Mitte falten und dann wieder auseinander klappen. Jetzt kann das Kind auf jede Seite unter dem Knick gleiche oder auch verschiedene Motive malen. Und wenn es das schon kann, seinen Namen darauf schreiben und den der anderen Familienmitglieder. Andernfalls schreiben Sie ruhig vor. Zwischen fünf und sechs interessieren sich fast alle Kinder brennend fürs Schreiben.

● **Mobile:**
Material: Verschieden farbiges Tonpapier (DIN A 5), Schere, Kleber, dünner Faden und eine dicke Näh-Nadel.
Aus dem Tonpapier werden Kreise, Dreiecke, Vierecke oder z.B. große Buchstaben oder vorgezeichnete Tiere ausgeschnitten. Dann werden die Einzelteile aufgehängt – entweder nebeneinander an einen Kleiderbügel oder auch aneinander als Gesamtfigur und danach an die Decke oder ans Regal. Zum Aufhängen „näht" man jeweils ein Stück Faden an jedes Papier-Figürchen – immer mindestens einen Zentimeter vom Rand entfernt, damit das Papier nicht schnell wieder ausreißt.

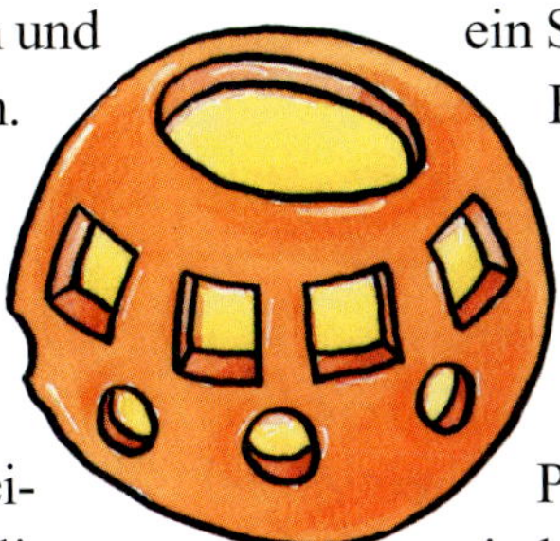

● **Tischgirlande:**
Material: Buntes Papier, ca. 40 cm lang, Stift, Schere, Locher.
Das Papier wie eine Ziehharmonika hin und her falten. Einen Fisch oder Elefanten aufmalen, und zwar so, dass Vorder- und Hinterteil genau auf der Faltlinie liegen. Dann die Umrisse ausschneiden; die Stellen, die auf der Faltlinie liegen, nicht ausschneiden. Jetzt das Papier auseinander falten und der schönste Tischschmuck ist fertig.

Buchstabensalat für den kleinen Bastler

Kinder im Vorschulalter sind fasziniert vom Alphabet und wollen häufig wissen, wie bestimmte Wörter, etwa ihr Name, geschrieben wird. Mit einem Sortiment an selbst gebastelten Buchstaben können Sie schon mal spielerisch üben.
Schneiden Sie aus dicker Pappe alle oder auch nur einige Buchstaben des Alphabets aus und lassen Sie diese von Ihrem Kind anmalen. Der Fantasie sind dabei keine Grenzen gesetzt. Sie können auch Magnete darunter kleben.

Befestigen Sie eine große, rohe Kartoffel an einer langen Kordel, die um den Bauch des Kindes gebunden wird. Nun muss das Kind versuchen, durch die Bewegung der Kartoffel einen Ball anzuschubsen. Besonderen Spaß macht dieses Tobespiel, wenn mehrere Kinder beteiligt sind, die sich gegenseitig den Ball zuspielen.

Tobespiele von 2 bis 6 Jahren

Zum Toben müssen kleine Kinder nur selten ermuntert werden. Sie haben einen angeborenen intensiven Bewegungsdrang, der ihnen dabei hilft, ihre Muskeln, Bänder, Gelenke und Knochen sowie ihre grob- und feinmotorischen Fähigkeiten zu entwickeln. Beweglichkeit, Balance und körperliche Geschicklichkeit wirken sich wiederum auf die geistigen Fähigkeiten, das Denk- und Lernvermögen, aus.
In engen Wohnungen ist es natürlich nicht so einfach, ein Kind nach Herzenslust toben zu lassen. Es lauern Verletzungsgefahren; der Lärm, der unweigerlich beim Toben entsteht, macht die Eltern nervös und oft genug auch die Nachbarn rebellisch. Dennoch ist es nicht nötig, ein Kind zur völligen Tatenlosigkeit zu verdammen. In einem tobefreundlichen Kinderzimmer mit vielen weichen Kissen und Schaumstoffblöcken und wenig harten Ecken und Kanten lassen sich wunderbare Bewegungsspiele machen. Am besten Sie beteiligen sich daran, dann sind Sie nicht gestört.

● **Tanzen:** Tanzen Sie mit Ihrem Kind zu selbst gesungenen Liedern durchs Zimmer. Aber natürlich macht es auch zur Musik aus dem Radio oder vom CD-Player Spaß. Hier ein paar Strophen bekannter Kinderlieder, zu denen man auch pantomimisch tanzen kann:

Brüderchen, komm, tanz mit mir!

1. Brüderchen, komm, tanz mit mir!
Beide Hände reich' ich dir.
Einmal hin, einmal her,
rundherum, es ist nicht schwer!
Einmal hin, einmal her,
rundherum, es ist nicht schwer!
2. Ei, das hast du fein gemacht,
ei, das hätt ich nicht gedacht.
Einmal hin, einmal her ...
3. Mit den Füßchen tapp tapp tapp,
mit den Händchen klapp klapp klapp.
Einmal hin, einmal her ...
4. Mit dem Köpfchen nick nick nick,
mit den Fingerchen tick tick tick.
Einmal hin, einmal her ...
5. Noch einmal das schöne Spiel,
weil es mir so gut gefiel.
Einmal hin, einmal her ...

Heißa Kathreinerle

1. Heißa Kathreinerle,
schnür dir die Schuh,
schürz dir dein Röckele,
gönn dir kein Ruh.
Didel, dudel, dadel,
schrumm, schrumm, schrumm,
s'geht schon der Hopser rum,
heißa Kathreinerle, frisch immer zu.
2. Dreh wie ein Rädele,
flink dich im Tanz.
Fliegen die Zöpfele,
wirbelt der Kranz.
Didel, dudel, dadel,
schrumm, schrumm, schrumm,
lustig im Kreis herum,
dreh dich, mein Mädel,
im festlichen Glanz.
3. Heute heißt's lustig sein,
morgen ist's aus!
Sinket der Lichter Schein,
gehen wir nach Haus.

Didel, dudel, dadel,
schrumm, schrumm, schrumm,
morgen mit viel Gebrumm,
fegt die Frau Wirtin
den Tanzboden aus.

Bettelmanns Hochzeit
1. Widele, wedele, hinterm Städtele
hält der Bettelmann Hochzeit.
Widele, wedele, hinterm Städtele
hält der Bettelmann Hochzeit.
Alle die Tierle, die Wedele haben
soll'n zur Hochzeit kommen.
Widele, wedele, hinterm Städtele
hält der Bettelmann Hochzeit.
2. Widele, wedele, hinterm Städtele
hält der Bettelmann Hochzeit.
Widele, wedele, hinterm Städtele
hält der Bettelmann Hochzeit.
Pfeift das Mäusele, tanzt das Läusele,
schlägt das Igele Trommel.
Widele, wedele, hinterm Städtele
hält der Bettelmann Hochzeit.
3. Widele, wedele, hinterm Städtele
hält der Bettelmann Hochzeit.
Widele, wedele, hinterm Städtele
hält der Bettelmann Hochzeit.
Bellt das Hündele, miaut das Kätzele
und das Schweinele grunzet.
Alle die Tiere mit hellen Stimmen
sollen als Sänger kommen.
4. Widele, wedele, hinterm Städtele
hält der Bettelmann Hochzeit.
Widele, wedele, hinterm Städtele
hält der Bettelmann Hochzeit.
Hüpft das Zickele, hopst das Hasele
und das Füllen springet.
Alle die Tiere mit langen Beinen
sollen als Tänzer kommen.
5. Widele, wedele, hinterm Städtele
hält der Bettelmann Hochzeit.
Widele, wedele, hinterm Städtele
hält der Bettelmann Hochzeit.
Surrt das Fliegele, summt das Bienele
und die Hummel brummet.
Alle die lustigen Musikanten sollen
zur Hochzeit kommen.
6. Widele, wedele, hinterm Städtele
hält der Bettelmann Hochzeit.
Widele, wedele, hinterm Städtele
hält der Bettelmann Hochzeit.
Wind mar a Kränzele, tun wir
a Tänzele, lassen die Geigen klingen.
Widele, wedele, hinterm Städtele
hält der Bettelmann Hochzeit.

Muss ist eine harte Nuss
Wenn der Tanzbär tanzen muss,
tanzt er immer mit Verdruss,
kann und mag nicht fröhlich sein,
brummt in seinen Bart hinein:
Brumm brumm brumm.
(August Heinrich
Hoffmann von Fallersleben)

Es tanzt ein Bi-Ba-
Butzemann in unserm
Haus herum, fidebum,
es tanzt ein Bi-Ba-
Butzemann in unserm
Haus herum.
Er rüttelt sich,
er schüttelt sich,
er wirft sein Säckchen
hinter sich.
Es tanzt ein Bi-Ba-
Butzemann in unserm
Haus herum.

Das „Pferd- und Reiterspiel“ macht Kindern nicht nur viel Spaß, sondern es fördert auch ihren Gleichgewichtssinn.

● **Pferdekoppel:** Gehen Sie auf die Knie in den Vierfüßlerstand. Ihr Kind darf sich auf Ihren Rücken setzen und auf Ihnen durchs Zimmer „reiten“. Danach darf der Teddy oder eine Puppe auf dem Kind reiten.

● **Schlangen fangen:** Sie nehmen eine lange Kordel und ziehen sie am Fußboden entlang – in Kreisen, in Schlangenlinien, gerade, im Zickzack. Je nachdem, wie geschickt Ihr Kind schon ist, soll es die Schlange einfach verfolgen, also hinterher laufen, darüber springen oder mit dem Fuß darauf steigen und sie zu fassen bekommen.

● **Ballspiele:** Werfen ist im Kinderzimmer nicht so ideal, aber man kann den Ball auch rollen lassen. Setzen Sie sich mit gespreizten Beinen auf den Boden, ihr Kind gegenüber – je älter es ist, umso größer darf der Abstand sein. Dann rollen Sie den Ball zwischen sich hin und her oder, bei geschlossenen Beinen (etwa ab vier Jahren), links und rechts neben sich vorbei. Sie müssen ihn aber mit der Hand noch erwischen, um ihn zurückzurollen. Oder Sie gehen auf die Knie, in den Vierfüßlerstand, und sind eine Brücke. Das Kind rollt den Ball unter Ihnen durch. Es krabbelt hinterher oder außen herum – anschließend das Ganze von der anderen Seite. Auch das Kind darf mal die Brücke sein, wenn es eine kleine Rast braucht.

● **Tierschau:** Ahmen Sie und Ihr Kind Tiere nach: Ein Storch steht lange auf einem Bein. Dann stakst er los und zieht bei jedem Schritt ein Bein sehr weit nach oben. Die Schlange liegt am Boden und windet sich langsam vorwärts. Der Hund hat sich eine Pfote verletzt und kann deshalb nur auf dreien (zwei Beine und eine Hand, ab etwa drei oder vier Jahren) humpeln. Die Giraffe streckt ihren Kopf und beide Arme ganz weit nach oben. Der Elefant untersucht mit seinem Rüssel (aus den beiden Armen, die locker vor dem Gesicht nach unten baumeln) das Zimmer.

Alle Vögel sind schon da

1. Alle Vögel sind schon da,
alle Vögel alle.
Welch ein Singen, Musizieren,
Pfeifen, Zwitschern, Tirilieren,
Frühling will nun einmarschier'n,
kommt mit Sang und Schalle.
2. Wie sie alle lustig sind,
flink und froh sich regen.
Amsel, Drossel, Fink und Star
und die ganze Vogelschar,
wünschen uns ein frohes Jahr,
lauter Heil und Segen.

Gemeinschaftsspiele mit anderen Kindern

Etwa ab drei, spätestens mit vier Jahren orientiert sich Ihr Kind immer stärker nach außen. Es spielt gern mit anderen Kindern, hat Freunde, die es zu sich nach Hause einladen möchte. Je kindgerechter das Kinderzimmer eingerichtet ist, umso besser kann man die Kleinen darin allein lassen. Oft spielen sie intensiv, lange und ausdauernd miteinander. Dann wäre es schade, wenn sich Erwachsene einmischen würden. Manchmal will ihnen aber nicht so recht etwas einfallen. In diesem Fall brauchen Sie Mutter und Vater, die ihnen Anregungen geben oder sogar mitspielen. Hier ein paar Tipps, die meist sehr gut ankommen:

- **Rollball:** Alle setzen sich mit gespreizten, ausgestreckten Beinen so im Kreis auf den Boden, dass die Füße von einem Kind an die des nächsten stoßen. Das geht ab zwei Kindern. Dann wird ein Ball von einem Kind zum anderen hin und her gerollt – entweder nach gegenüber oder nach nebenan. Dadurch, dass die Füße im Kreis aneinander stoßen, kann der Ball nicht aus dem Kreis heraus rollen.

Beliebter Klassiker: Blinde Kuh

Für dieses Spiel ist es wichtig, dass keine Stolpersteine im Weg liegen oder scharfe Kanten, an denen sich ein Kind stoßen könnte. Falls das Zimmer oder die Wohnung nicht ganz ungefährlich sind, muss unbedingt ein Erwachsener dabei sein, der bei Gefahr für das „blinde" Kind vorsichtig eingreift: Einem Kind werden mit einem Tuch die Augen verbunden, dann muss es tastend ein anderes Kind erwischen und herausfinden, welches es ist. Hat es Recht, ist das erratene Kind an der Reihe.

Ein einfaches und beliebtes Spiel, das die Geschicklichkeit trainiert: Korken mit einem Becher auffangen. Dafür befestigen Sie oder Ihr Kind einen Korken an einer ausreichend langen Kordel. Das andere Ende wird durch ein kleines Loch im Boden eines Pappbechers gezogen und die Kordel mit einem Knoten fixiert. Nun kann der Spaß losgehen!

● **Schinken klopfen:** Ein Kind kniet sich auf einen Sessel oder Stuhl und hält sich die Augen zu. Die anderen kommen der Reihe nach und geben ihm einen leichten Klaps auf den Po (Schinken). Das Kind das „geklopft“ wird, muss erraten, wer der „Klopfer“ war. Hat es richtig geraten, kommt das ertappte Kind dran und muss seinen Schinken klopfen lassen. Klare Regel: Niemand darf fest zuhauen!

● **Wer ist dran?** Damit klar ist, wer bei einem Spiel anfängt, wird vorher abgezählt. Dazu eignen sich natürlich Reime – viele haben schon unsere Urgroßeltern gekannt, z.B.:

Ich und du, Müllers Kuh,
Müllers Esel, der bist du.

Oder:

Eine kleine Piepsmaus,
lief ums Rathaus.
Wollte sich was kaufen,
hatte sich verlaufen.
Flip, flap, flep und du bist weg.

● **Was fliegt?** Alle sitzen im Kreis. Einer sagt an: „Alle Vögel fliegen hoch“, „alle Teller fliegen hoch“, „alle Flugzeuge fliegen hoch“, „alle Tauben fliegen hoch“, „alle Stühle fliegen hoch“, „alle Hunde fliegen hoch“ usw. Der Ansager hebt immer seine Arme nach oben. Die Mitspieler dürfen sie nur hochheben, wenn etwas wirklich fliegt. Wer an der falschen Stelle die Arme hochhebt oder unten lässt, scheidet entweder aus oder bekommt einen Minuspunkt. Jeder darf einmal der Ansager sein.

● **Eisenbahn:** Alle sitzen in einer Reihe hintereinander und machen Eisenbahngeräusche: „sch sch sch sch“. Wenn Platz ist, kann der Zug auch durchs Zimmer „fahren“, indem alle auf dem Po vorwärts rutschen. Man kann auch durchs Zimmer gehen – links herum, rechts herum, im Kreis – und dabei singen:

Auf der Eisenbahn
steht ein schwarzer Mann,
schürt das Feuer an,
dass man fahren kann.
Kinderlein, Kinderlein,
hängt euch dran.
Wir fahren mit der Eisenbahn.

● **Wer weiß, was es ist?** Sie zeichnen auf ein Blatt Papier mit einfachen Strichen alltägliche Dinge, die die Kinder kennen (Katze, Telefon, Elefant, Haus, Fernseher, Auto, Fahrrad etc.). Wer zuerst erraten hat, um was es sich handelt, darf als nächster

Rätsel zeichnen. Wenn die Kinder dafür noch zu klein sind, bekommen sie die Vorlagen und dürfen sie abmalen, ausschneiden oder aus Knete formen. Natürlich gibt es ein tolles Lob für die Werke, die dann entstanden sind.

● **Geschichten erfinden:** Einer (am besten der Erwachsene) fängt mit einer Geschichte an, zum Beispiel: „An einem großen See in einem fernen Land lebte ein kleines kuscheliges Etwas. Es sah sehr bunt und lustig aus ...". Dann darf eines der Kinder ein oder zwei Sätze der Geschichte weitererzählen. Anschließend ist der nächste dran. Der Fantasie sind dabei keine Grenzen gesetzt. Alles ist erlaubt und die Handlung darf jederzeit verändert werden.

● **Genau hinhören (ab etwa vier Jahren):** Ein Kind muss die Augen schließen. Die anderen geben nacheinander Töne von sich. Zum Beispiel aaa, iii, uuu. Dabei dürfen sie auch die Stimme verstellen. Das Kind mit den geschlossenen Augen muss erraten, von wem der Ton kommt. Hat es richtig geraten, kommt das ertappte Kind mit Raten dran.

● **Flugobjekte (ab etwa fünf Jahren):** Ein Tisch oder Platz am Boden ist das Spielfeld. Jedes Kind bekommt fünf Knöpfe oder kleine Kiesel als Spielsteine. Dann darf jedes der Reihe nach je einen Stein aufs Spielfeld werfen und sagen, was dieser darstellen soll. Alles, was benannt wird, muss fliegen und ein paar Erklärungen dazu sind auch fällig. Zum Beispiel: Ein Papagei kommt aus dem Urwald; er hat rote, gelbe und grüne Federn. Ein Luftballon wurde von einem Kind losgelassen; an der Schnur hängt eine Karte mit der Adresse; das Kind freut sich, wenn es erfährt, wo der Ballon gelandet ist, usw.

● **Knobeln:** Zu den Worten „eins, zwei, drei" oder „schnick, schnack, schnuck" wird jeweils die rechte Hand geschwungen. Beim dritten Mal zeigt jedes Kind dann entweder Stein – das ist eine Faust –, Schere – dabei sind Zeige- und Mittelfinger gespreizt – oder Papier, das ist die flache Hand. Gewonnen wird nach dem Prinzip: Stein schleift die Schere (Stein gewinnt), Schere schneidet Papier (Schere gewinnt), Papier wickelt Stein ein (Papier gewinnt). Beendet ist das Spiel, wenn alle Kinder dran waren und eines einmal öfter gewonnen hat als die anderen.

Der Mumien-Wickel-Wettbewerb

Dieses Spiel eignet sich auch hervorragend für eine Geburtstagsfeier: Je zwei Kinder bilden ein Team, das aus der Mumie und dem Mumienwickler besteht. Die Mumie stellt sich mit geschlossenen Beinen und hängenden Armen gerade hin. Der Wickler hat die Aufgabe, die Mumie von Kopf bis Fuß und ohne eine freie Stelle übrig zu lassen in Toilettenpapier einzuwickeln. Sieger ist das Paar, das als erstes fertig ist.

Aufräumspiele

Aufräumen im Kinderzimmer muss nicht zum täglichen Familienärgernis werden, wenn Sie es von Anfang an spielerisch angehen. Das hat nicht nur den Vorteil, dass Sie sich und Ihrem Kind jede Menge Stress sparen. Aufräumspiele fördern die gesamte Entwicklung. Denn dabei lernt ein Kind Farben und Formen unterscheiden, Dinge nach Größe ordnen und Sachen sortieren. Es lernt auch, wie unterschiedlich schwer verschiedene Materialien sind, dass sie sich sehr verschieden anfühlen können und dass sie unterschiedlich klingen, wenn sie auf den Boden fallen oder wenn man sie in eine Kiste wirft. Dieses spielerische Training regt alle Sinne, die Motorik und Feinmotorik, das Gedächtnis (wo hat das hingehört?, wo hat etwas reingepasst?) und Denkvermögen an.

Damit das Ganze nicht zum Drill wird, können Sie das Sortieren und Aufräumen zum Spiel machen. Das geht bereits mit einem ganz kleinen Kind. Natürlich räumen Sie selbst noch das meiste weg. Aber lassen Sie sich schon von Ihrem Krabbelbaby dabei „helfen“ und erzählen Sie ihm, was passiert: Da kommt ein Bagger (Ihre Hand, später die Hand des Kindes), der greift sich alle blauen (roten, gelben, runden, eckigen ...) Bauklötze, transportiert sie zu den richtigen Häusern (das sind die Körbe, Schubladen oder Regalfächer, wo das Spielzeug hingehört). Dort lässt er sie wieder fallen.

Sie können sich auch eine andere Geschichte ausdenken, die Ihrem Kind gerade sehr gut gefällt, mit Personen oder Tieren, die es sehr gern mag. Es darf jemanden spielen, der Bauklötze, Autos, Tücher, Malstifte etc. (alles, was herumliegt) aufsammelt und in der richtigen Reihenfolge in die richtigen Behälter einsortiert.

Oder das ganze Kinderzimmer wird zum Riesensupermarkt, wo ein Lieferant die Dinge, die am Boden liegen, ordentlich ins Lager einräumen muss. Je nach Alter sollten Sie Ihr Kind dabei immer mitmachen und es eine Rolle übernehmen lassen. Sie können auch (ab etwa vier Jahren) „Wettarbeiten“ veranstalten. Vorher wird festgelegt: Ich mache die Bauklötzchen, du machst die Autos. Wer zuerst fertig ist oder wer bis dann und dann fertig ist, erhält eine Belohnung (die man sich vorher ausdenken muss).

Wichtig ist, dass Sie sich für diese Spielaktionen ausreichend Zeit nehmen – je jünger Ihr Kind ist, umso mehr – und dass Sie sie konsequent und regelmäßig (spätestens jeden zweiten Tag) durchführen. Auf diese Weise wird auch Aufräumen spielerisch und fördernd in den Alltag integriert.

Wasserspaß im Bad

Spritzen, planschen, wischen, schrubben – jedes Spiel und jede Arbeit mit Wasser ist für Kinder das höchste Vergnügen. Deshalb übt auch das Badezimmer schon auf die Kleinsten eine große Anziehungskraft aus. Je mehr Platz Sie im Bad haben, desto besser. Doch auch ein kleiner Raum lässt sich ganz hervorragend in einen Spieltempel verwandeln. Hier ist es jedoch ganz besonders wichtig, dass Sie ein paar Sicherheitsregeln beachten (siehe Seite 153). Dann können Sie beruhigt im Bad mit Ihrem Kind spielen, zum Beispiel während Sie sauber machen – oder einfach nur zum Zeitvertreib.

Zeigen Sie Ihrem Kind früh, wie es den Wasserhahn aufdrehen kann. Es lernt dabei viel über Ursache und Wirkung. Wichtig ist, dass es gleichzeitig lernt, was heiß und kalt ist. Gibt es für heißes Wasser einen eigenen Hahn, muss das Kind wissen, dass dieser tabu ist. Haben Sie eine Mischbatterie, bei der es nur einen Hahn gibt, aus dem in einer bestimmten Stellung heißes Wasser fließt, muss Ihr Kind möglichst früh lernen, wie es den Hahn nicht drehen darf. Sie sollten Ihr Kind erst dann unbeaufsichtigt an den Wasserhähnen hantieren lassen, wenn Sie ganz sicher sind, dass es dies begriffen hat und sich auch daran hält. Das kann einige Zeit dauern.

Tolle Planschspiele ab 1 Jahr

● **Plumps und platsch:** Lassen Sie einen kleinen Ball oder das Bade-Entchen aus unterschiedlichen Höhen ins Wasser fallen – das darf dann auch Ihr Kind.
Es macht dabei die Erfahrung, dass es von weiter oben mehr spritzt als von weiter unten.

● **Ballrollen:** Sitzt Ihr Kind in der Badewanne, rollen Sie einen Ball übers Wasser und lassen ihn wieder wegrollen.

Wundern Sie sich nicht, wenn Ihr Kleines das Gelernte immer und immer wieder machen will. Schließlich prägt es sich Neues durch ständige Wiederholung ein.
Wichtig: Achten Sie darauf, dass Ihr Kind nicht unbeobachtet im Bad spielt.

Die meisten Babys und Kleinkinder sind begeisterte Wasserratten, die es lieben, im warmen Wasser zu planschen. Lassen Sie Ihr Kleinkind aber keinesfalls unbeaufsichtigt in der Wanne sitzen!

Sobald Ihr Baby sitzen kann, zeigen Sie ihm, was sich aus Seifenschaum alles machen lässt: einen Turm bauen, einen Hut aufsetzen, Hände und Füße verstecken. Solche Spiele machen auch größeren Kindern Spaß, die dabei schon eigene Ideen entwickeln können.

Badezimmerspiele ab 2 Jahren

- **Putzhilfe:** Jetzt können Sie Ihr Kind schon richtig helfen lassen. Geben Sie ihm einen Putzlappen oder einen Schwamm und lassen Sie es mit etwas Scheuermilch das Waschbecken schrubben, während Sie den Rest erledigen. Je öfter das Kind so etwas machen darf, umso kleiner werden die Pfützen rund herum. Lassen Sie es auch ruhig nach getaner Arbeit noch den Boden aufwischen – wenn es das möchte.

- **Malfest in der Badewanne:** Dies ist ein ganz besonders schönes Spiel für Kreativität und Körpergefühl (aber etwas Arbeit für Sie als Mutter). Lassen Sie Ihr Kind sich selbst mit abwaschbaren Fingerfarben oder bunten Seifen bemalen oder lassen Sie es Kunstwerke an die Badewanne oder die Fliesen malen.

- **Wasserball:** Geben Sie Ihrem Kind zwei, drei Bälle mit in die Badewanne. Was passiert, wenn man sie runterdrückt? Natürlich, sie kommen wieder hoch. Man kann sie auch übers Wasser pusten (wenn sie leicht genug sind) oder einfach wie Boote schwimmen lassen.

Badezimmervergnügen ab 3 Jahren

Im Bad putzen bleibt noch lange ein Favorit; hinzu kommen viele neue Spiele.

- **Sortieren:** Lassen Sie Ihr Kind Seifen, Lotionen, Cremes etc. ins Regal oder in den Schrank einsortieren. Natürlich nur, wenn Sie dabei sind, damit es nicht in Versuchung kommt, an etwas Schönem oder Wohlriechendem zu naschen. Das Sortieren und Vergleichen trainiert gleich mehrere geistigen Fähigkeiten.

- **Wiegen:** Auf die Waage steigen ist auch sehr beliebt. „Wie schwer bin ich?“ „Und wie schwer bist du?“ „Wie schwer bin ich, wenn ich etwas Schweres in der Hand halte oder wenn ich mich gleichzeitig an der Badewanne oder am Waschbecken abstütze?“

- **Experimente:** „Was passiert, wenn ...“ sind in diesem Alter besonders beliebte Spiele. Zum Beispiel, was passiert, wenn man durch einen dicken Strohhalm in einen Berg von Seifenschaum im Waschbecken oder in der Badewanne pustet.

- **Waschen:** Im Bad möchten kleine Puppenmütter und -väter auch ihr „Kind“ sauber machen oder Puppenkleidung auswaschen. Ebenso lässt sich anderes Spielzeug wunderbar im Waschbecken oder in der Badewanne abwaschen und säubern.

Rollenspiele im Bad ab 4 Jahren

Mit Schwamm, Bade-Entchen, Lappen und Seifenschaum lassen sich prima Menschen und Situationen aus dem Leben oder der Fantasie Ihres Kindes nachspielen. Zum Beispiel ein Kapitän mit seinem Schiff – Schiffe lassen sich aus Papier falten oder es werden einfach Seifenschalen, kleine Plastikbecher oder Nussschalen dazu umfunktioniert. Matrosen auf großer Fahrt oder Fische in ihrer Unterwasserwelt sind ebenfalls schöne Badezimmerspiele. Ganz nebenbei werden Waschbecken, Fliesen und Badewanne sauber, wenn man das Scheuern in die Spiele mit einbaut.

Kreativspiele ab 5 Jahren

- **Vergleichen, messen, zählen, Unterschiede erkennen:** Im Bad findet Ihr Kind jede Menge Anregung dafür. Lassen Sie es an allem schnuppern, was im Bad ist (Parfüm, Rasierwasser, Bodylotions, Seifen etc.), und den Duft beschreiben (das riecht süß, sauer, nach Apfel, wie Papa usw.). Gibt es Fliesen mit und ohne Dekor, wird Ihr Fünf- bis Sechsjähriges mit Begeisterung zählen: Drei Fliesen sind glatt und haben die Farbe ..., dann kommen zwei mit einem Bild ...

- **Schminken und frisieren:** Ein echtes Highlight ist, wenn sich Sohn oder Tochter mit Ihren Sachen schminken oder eine neue Frisur machen dürfen – Spangen und Kämme helfen bei der Veränderung. Wichtig: Sie müssen sich gut im Spiegel sehen können. Ein Schmink- oder Rasierspiegel, in dem das Gesicht vergrößert wird, macht jetzt besonders viel Spaß.
Am Ende kann Ihr Kind alle Schmink-, Wasch- und Putzutensilien sortieren und ordentlich aufräumen.

Fantasievolle Spiele mit Badeschaum

Mit Badeschaum lassen sich die tollsten Ideen verwirklichen und Geschichten erzählen: Zum Beispiel über Eisberge und Eisschollen, die im großen Badewannenmeer treiben und von einem Passagierschiff gestreift oder durchpflügt werden.

Auch Fingerspiele bekommen einen zusätzlichen Reiz, wenn die „Fingermännchen“ mit Badeschaum „angezogen“ und Gesichter aufgemalt werden. *Viele Anregungen für Fingerspiele finden Sie auf Seite 139ff.*

Ein großes Lob dafür macht es stolz, stärkt das Selbstbewusstsein und unterstützt die Selbstständigkeit.

Badewannenspiele für jedes Alter

Seemann ahoi: Papierschiffchen, Eierkartons aus Kunststoff und Kunststoffentchen machen Ihr Kind in der Badewanne zum Freizeitkapitän. Besonders mit mehreren Entchen macht dann auch noch Singen Spaß:

Alle meine Entchen,
schwimmen auf dem See,
schwimmen auf dem See,
Köpfchen in das Wasser,
Schwänzchen in die Höh'.

● **Den Körper erkunden.** In der Badewanne ist eine prima Zeit dafür. Ab etwa eineinhalb Jahren weiß Ihr Kind, was gemeint ist, wenn Sie fragen: „Wo ist der Fuß?" „Wo ist die Hand?" „Wo ist der kleine Zeh?" Machen Sie ein Spiel daraus. Anfangs geben Sie selbst die Antwort: „Da ist der kleine Fuß" und Sie nehmen ihn und schütteln oder streicheln ihn. Später, etwa ab zwei Jahren, kann Ihr Kind schon selbst seine Körperteile benennen.
Auf die Frage: „Wo ist ...?", streckt Ihr Kind den Fuß, die Hand, die Zehen hoch oder deutet auf seinen Bauch, Hals, Kinn, seine Nase etc. Bei „das ist ..." rütteln oder streicheln Sie wieder sanft. Dadurch bekommt das Kind ein positives Körpergefühl und lernt seinen Körper kennen und die Körperteile benennen.

● **Schöpfen:** Geben Sie Ihrem Kind verschieden große Becher, einen kleinen Eimer oder eine Schüssel. Dann kann es wunderbar Wasser schöpfen, ausgießen, abmessen.

● **Gießen:** Ein Sieb, die (saubere) Sandkasten-Gießkanne oder das vordere Stück einer großen Gießkanne eignen sich wunderbar, um Dusche oder Regen zu spielen.

● **Was schwimmt denn da?** Regelrecht Physik lernt ein Kind, wenn Sie ihm Spielzeug aus unterschiedlichen Materialien in die Wanne geben wie beispielsweise einen kleinen Ball und anderes Spielzeug, das wassertauglich ist.
Was passiert, wenn man den Ball unter Wasser drückt und dann los lässt? Was schwimmt besser? Die Plastikente oder das Papierboot? Wie verhält sich ein Holzbaustein, wie ein Kiesel im Wasser? Wie lange bleibt ein Frottee-Waschlappen auf dem Wasser, wie lange ein Schwamm? Warum blubbert es so schön, wenn man eine offene Plastikflasche unter Wasser hält?

Saubere kleine Putzhelfer

Für viele kleine Kinder gehört Putzen zu den Lieblingsbeschäftigungen. Vor allem dann, wenn sie wirklich mitmachen und sich nützlich zeigen dürfen. Am besten planen Sie für größere Putzaktionen etwas mehr Zeit ein und beziehen Ihr Kind mit ein. Etwa ab eineinhalb Jahren, sobald es laufen kann, freut es sich schon über kleine Aufgaben wie beispielsweise Staub wischen.
Bei dieser Arbeit werden Koordination, Geschicklichkeit, Grob- und Feinmotorik gefördert. Außerdem gewinnt das Kind dabei Vertrauen in die eigene Leistungsfähigkeit und mehr Selbstbewusstsein. Es lernt Verantwortungsbewusstsein und kann sich über das Gefühl freuen, etwas Sinnvolles für die Familie getan zu haben. Schließlich lernt es ganz beiläufig, wie man kehrt, saugt, Fenster, Boden, Möbel oder sonstiges putzt – Fähigkeiten, die es auf alle Fälle später einmal brauchen wird.
Ein weiterer positiver Aspekt, wenn man das Kind schon früh in die Hausarbeit mit einbezieht: Es wird für Ihr Kind ganz selbstverständlich, dass jeder in der Familie feste Aufgaben hat und auch zu Ordnung und Sauberkeit in der Wohnung beitragen muss. Das ist ein großer Vorteil, denn größere Kinder sind meist nur schwer zur Mithilfe im Haushalt zu motivieren, wenn sie vorher nie etwas dazu beitragen mussten.
Wichtig ist, dass Sie die Arbeit Ihres Kindes ernst nehmen und es nicht nur zum Schein mitmachen lassen und dann alles nachputzen. Falls Sie sehr hohe Ansprüche an Ordnung und Sauberkeit haben, ist es günstig, wenn Sie diese zurückschrauben können – das macht das Zusammenleben mit Kindern insgesamt leichter.
Auch wenn Sie berufstätig sind, sollten Sie die Hausarbeit nicht noch schnell am Abend machen, wenn die Kinder schon im Bett sind. Lassen Sie sich dabei helfen – zumindest zum Teil oder am Wochenende. Langfristig profitieren Sie und Ihr Kind davon.

Kinder sind mit Eifer dabei, wenn es ums Putzen geht. Übertragen Sie Ihrem Kind kleine Aufgaben und loben Sie es, auch wenn nicht alles tadellos sauber geworden ist. Ihr Kind braucht Ihre Anerkennung – nur so kann es Selbstbewusstsein und Selbstvertrauen entwickeln.

Aufgaben für die Kleinen

Bereits ab eineinhalb bis zwei Jahren kann Ihr Kind beim Putzen mithelfen. Sie können ihm ein Staubtuch in die Hand geben und eine Stelle zeigen, wo es Staub wischen kann, etwa die Stühle oder die unteren Regalfächer im Wohnzimmer. Mit einer Aufgabe ist das Kind ausreichend beschäftigt. Wundern Sie sich aber nicht, wenn Sohn oder Tochter sich damit nicht

mehr aufhalten wollen, während Sie selbst den Flur wischen, das Fenster putzen oder den Teppich saugen. Auch dabei kann Ihr Kleines helfen: den Staubsauger einschalten; eine kleine Fensterecke mit einem feuchten Tuch abwischen oder Putzmittel auf die Scheibe sprühen; mit einem feuchten Schwamm die Ecken im Flur „nachwischen" usw.

Geschickte Putzhilfe ab 3 Jahren

Je nach Geschicklichkeit und Übung kann Ihr Kind jetzt schon mal allein ein übersichtliches Stück Teppich saugen. Am besten räumen Sie vorher gemeinsam alle Kleinteile weg, die nicht verschwinden sollen.
Auch kehren macht Ihrem Kind vermutlich großen Spaß. Übrigens: Kinder mögen zwar „Kinder-Putzzeug" wie kleine Besen etc. zum Spielen. Doch wenn sie der Mutter helfen, benutzen sie lieber die „Geräte" der Erwachsenen. Geben Sie Ihrem Kind also ruhig Kehrblech und Besen, wenn es etwas aufkehren soll.

Nach und nach können Sie die Aufgaben den Fähigkeiten Ihres Kindes entsprechend erweitern: aufräumen, Staub saugen, glatte Böden wischen, Regale abstauben etc. Es sollte immer nur eine Aufgabe bekommen. Ist diese erledigt, kommt die nächste. Am liebsten machen Kinder natürlich genau das, was auch die Mutter tut. Lässt sich Ihre Arbeit also teilen, geben Sie Ihrem Kind einen Bereich davon ab. Wenn nicht, bieten Sie ihm eine andere Aufgabe an. Zum Beispiel: „Ich sauge hier im Wohnzimmer, du kannst inzwischen im Schlafzimmer abstauben, damit hilfst du mir sehr". Oder: „Sammle bitte alle Papierschnipsel und lege sie zum Altpapier".
Müll trennen und entsorgen lernen Kinder schnell und machen es meist auch gern. Etwa Papier und Glas nach Farben getrennt in den Container werfen (dafür müssen Sie es hochheben, wenn es noch nicht groß genug ist). Falls Sie einen Garten mit Komposthaufen haben, kann es auch von Ihnen vorsortierten Biomüll dorthin bringen (ab etwa vier Jahren), ansonsten den sortierten Müll in die entsprechende Tonne (ab etwa fünf Jahren) Dreijährige helfen natürlich auch gern bei allem, wozu man Wasser braucht. Zum Beispiel im Bad das Waschbecken oder die Badewanne putzen oder den Boden aufwischen. Wichtig: Das Kind loben und sich für seine Hilfe bedanken.

Große Wäsche zu zweit

Egal, ob Sie täglich waschen oder nur einmal in der Woche: Lassen Sie Ihr Kind mitmachen. Es lernt dabei Farben unterscheiden, Wäschestücke benennen, nach Größe, Farbe oder Stoff sortieren und es lernt Gerüche zu unterscheiden (was riecht getragen, was frisch gewaschen?). Schließlich ist „Wäsche machen“ eine wichtige Familienarbeit, die das Kind mit Stolz erfüllt, wenn es dabei helfen durfte.

Sortieren und prüfen

Sortieren mögen auch schon Einjährige, doch bei ihnen muss man natürlich noch nacharbeiten.
Ab etwa zwei Jahren kann Ihr Kind schon eigenständig Wäsche sortieren: Bunt und weiß auf eigene Stapel, schwarz oder hell, Pullover, Socken, Hosen, Tischwäsche – all das kennt Ihr Kind bereits und wird es mit Begeisterung nach Ihren Angaben sortieren.
Haben Sie unterschiedliche Behälter, in denen die Schmutzwäsche schon vorsortiert ist, können Sie Ihr Kind beauftragen, einen Behälter zu überprüfen, während der Inhalt des anderen bereits wäscht. Sind wirklich nur helle Sachen darin oder hat sich vielleicht eine dunkle Socke verirrt?

Waschen und trocknen

Ist die Wäsche in der Maschine, geht es darum, das richtige Programm zu wählen. Auch dabei wird Ihr Kind gerne helfen. An Rädchen drehen und auf Knöpfe drücken gehört zu den absoluten Lieblingsbeschäftigungen aller kleinen Kinder.
Vielleicht kann Ihr Kind ja Waschpulver oder Gel in die Maschine kippen. Dann fühlt es sich wichtig und ernst genommen.
Je kleiner ein Kind ist, umso interessanter ist es auch, der Waschmaschine bei der Arbeit zuzuschauen. Größere

Blau, blau, blau ist meine liebste Farbe

Beim Wäschesortieren kann ein Kind gleich spielerisch die Farben lernen. Rote Socken, gelbe Hemden, grüne T-Shirts. Dazu kann man ein hübsches Lied nach der Melodie eines alten Volkslieds („Grün, grün, grün sind alle meine Kleider...“) singen:
Blau, blau. blau ist meine Lieblingsfarbe.
Blau, blau, blau soll alles immer sein.
Deshalb mag ich alles, was so blau ist,
und steck es in mein’ Beutel rein.
Strophe für Strophe wird eine andere Farbe genommen – rot, gelb, grün, beige, braun ...

Beim Wäschemachen können schon die Kleinsten mitmachen. Beim Sortieren der Wäsche lernen sie die Farben kennen und unterscheiden und beim Aufhängen von Wäschestücken trainieren sie ihre feinmotorischen Fähigkeiten.

Kinder können beobachten, wann ein bekanntes Stück am Maschinenfenster zu sehen ist, wann neues Wasser einläuft oder Schaum auftritt.
Sobald das Programm beendet ist, mag Ihr Kind wieder helfen, die nassen Teile aus der Maschine in den Korb oder gleich in den Trockner zu legen.
Wenn Sie die Wäsche aufhängen, freut sich Ihr Kind natürlich, wenn es dabei mitmachen kann – zum Beispiel, indem es Ihnen die Wäscheklammern reicht (vielleicht nach Farben sortiert?). Das kann es schon ab etwa eineinhalb Jahren. Ab zweieinhalb Jahren kann es schon selbst einige Stücke aufhängen – am besten auf eine tiefer hängende Leine oder ein Trockengestell, das es bereits alleine erreicht, zum Beispiel auf einen Puppenwäschetrockenständer.
Haben Sie einige Stücke für die Handwäsche, lassen Sie Ihr Kind auch im Waschbecken planschen oder eigene Kleidungsstücke oder ein Puppenkleid in der Schüssel mit „echtem“ Waschpulver waschen.

Zusammenlegen und einräumen

Auch wenn die Wäsche trocken ist und in den Schrank muss, können Sie Ihr Kind beteiligen. Handtücher falten kann schon ein Zweijähriges, Socken zusammenstecken ein Dreijähriges. Ihrem Vier- oder Fünfjährigen gelingt es bestimmt, T-Shirts und Hosen ordentlich zusammenzulegen oder auf Bügel zu hängen. Sie sollten dann aber möglichst nicht zu viel erwarten und es auch aushalten können, wenn die Kleidung nicht total perfekt im Schrank liegt. Räumen und falten Sie hinter Ihrem Kind her, reduziert dies den Wert seiner Arbeit und frustriert es.

Bügeln und glätten

Bügeln übt eine große Faszination auf die meisten Kinder aus, ist aber sehr gefährlich. Mit einem normalen Bügeleisen kann ein sehr geschicktes und selbstständiges Kind frühestens ab fünf Jahren hantieren. Und auch dann nur unter Ihrer Anleitung und wenn Sie die ganze Zeit dabei sind. Während Sie bügeln, sollten Sie sehr genau darauf achten, dass Ihr Kind nicht am Kabel ziehen kann und keine Möglichkeit hat, sich am Eisen zu verbrennen.

Für kleinere Kinder sind einfache Spielbügeleisen geeignet, mit denen sie kleine Wäschestücke oder Puppenkleidung „glätten" können.

Lieder und lustige Verse

Beim Wäschemachen kann man sich die Zeit gut mit Singen vertreiben oder mit dem Aufsagen von Versen. Kinder mögen alles Rhythmische. Rhythmus vermittelt ihnen Sicherheit und Geborgenheit. Deshalb finden sie daran auch in der Regel so großen Gefallen. Auch für Erwachsene geht die Arbeit mit Rhythmik leichter von der Hand.

Zeigt her eure Füßchen
Refrain:
Zeigt her eure Füßchen,
zeigt her eure Schuh
und sehet den lustigen
Waschfrauen zu.
Strophen:
1. Sie waschen, sie waschen,
sie waschen den ganzen Tag.
Sie waschen, sie waschen,
sie waschen den ganzen Tag.
2. Sie wringen, sie wringen,
sie wringen den ganzen Tag. ....
3. Sie hängen, sie hängen, ...
4. Sie legen, sie legen, ...
5. Sie rollen, sie rollen, ...
6. Sie bügeln, sie bügeln, ...
7. Sie ruhen, sie ruhen, ...
8. Sie klatschen, sie klatschen, ...
9. Sie tanzen, sie tanzen, ...

Der Kuckuck und der Esel
1. Der Kuckuck und der Esel,
die hatten einen Streit,
wer wohl am besten sänge,
wer wohl am besten sänge,
zur schönen Maienzeit,
zur schönen Maienzeit.
2. Der Kuckuck sprach, das kann ich,
und fing gleich an zu schrei'n.
Ich aber kann es besser,
ich aber kann es besser,
fiel gleich der Esel ein,
fiel gleich der Esel ein.
3. Das klang so schön und lieblich,
so schön von nah und fern.
Sie sangen alle beide,
sie sangen alle beide,
kuckuck, kuckuck, i-a, i-a,
kuckuck, kuckuck, i-a.

Put, put, put, ihr Hühnerchen
1. Put, put, put, ihr Hühnerchen,
was habt ihr denn getan?
Was habt ihr denn getan?
Fort seit einer Stunde
schon ist euer lieber Hahn.
Fort seit einer Stunde
schon ist euer lieber Hahn!
2. Hähnchen ist aufs Dach geflogen,
ins Bodenloch hinein,
ins Bodenloch hinein.
Da schlug der Wind die Türe zu
und er muss gefangen sein.
Da schlug der Wind die Türe zu
und er muss gefangen sein.
3. Doch nach einer Stunde
schon, ging wieder auf die Tür,
ging wieder auf die Tür.
Put, put, put, ihr Hühnerchen,
nun ist er wieder hier.
Put, put, put, ihr Hühnerchen,
nun ist er wieder hier.

Musik ist gut für die Entwicklung

Wenn Sie gemeinsam singen, macht dies nicht nur Spaß, sondern Sie fördern auf diese Weise viele Anlagen und Eigenschaften, die Ihr Kind in seinem Leben braucht: Sein Sprachsinn entwickelt sich, der Wortschatz erweitert sich, die Kreativität wird angeregt. Zudem weckt Musik Emotionen, und zwar in erheblich stärkerem Maße als die Sprache, und sie wirkt sich positiv auf die Persönlichkeitsentwicklung und das Selbstbewusstsein aus.

Grün, grün, grün sind alle meine Kleider

*1. Grün, grün, grün
sind alle meine Kleider,
grün, grün, grün
ist alles, was ich hab.
Darum lieb ich alles, was so grün ist,
weil mein Schatz ein Jäger, Jäger ist.
2. Blau, blau, blau
sind alle meine Kleider,
blau, blau, blau ist alles,
was ich hab.
Darum lieb ich alles,
was so blau ist, weil mein Schatz
ein Seemann, Seemann ist.
3. Weiß, weiß, weiß
sind alle meine Kleider,
weiß, weiß, weiß ist alles, was ich hab.
Darum lieb ich alles, was so weiß ist,
weil mein Schatz ein Bäcker,
Bäcker ist.
4. Schwarz, schwarz, schwarz
sind alle meine Kleider,
schwarz, schwarz, schwarz ist alles,
was ich hab.
Darum lieb ich alles,
was so schwarz ist, weil mein Schatz
ein Schornsteinfeger ist.
5. Bunt, bunt, bunt
sind alle meine Kleider,
bunt, bunt, bunt ist alles, was ich hab.
Darum lieb ich alles,
was so bunt ist, weil mein Schatz
ein Maler, Maler ist.*

***Mäuschen,
lass dich nicht erwischen,
spring' nur
über Bank und Tische.
Husch, husch, husch,
husch, husch, husch,
Mäuschen, Mäuschen,
husch, husch, husch.***

Fuchs, du hast die Gans gestohlen

*1. Fuchs, du hast die Gans gestohlen,
gib sie wieder her, gib sie wieder her!
Sonst wird dich der Jäger holen,
mit dem Schießgewehr!
Sonst wird dich der Jäger holen,
mit dem Schießgewehr!
2. Seine große lange Flinte
schießt auf dich den Schrot,
schießt auf dich den Schrot.
Dass dich färbt die rote Tinte und
dann bist du tot,
dass dich färbt die rote Tinte und
dann bist du tot.
3. Liebes Füchslein lass dir raten,
sei doch nur kein Dieb,
sei doch nur kein Dieb.
Nimm, statt mit dem Gänsebraten,
mit der Maus vorlieb,
nimm, statt mit dem Gänsebraten,
mit der Maus vorlieb.*

Bruder Jakob

*Bruder Jakob, Bruder Jakob,
schläfst du noch? Schläfst du noch?
Hörst du nicht die Glocken?
Hörst du nicht die Glocken?
Ding dang dong, ding dang dong*

Kommt ein Vogel geflogen

*1. Kommt ein Vogel geflogen,
setzt sich nieder auf mein' Fuß,
hat ein Zettel im Schnabel,
von der Liebsten ein' Gruß.
2. Lieber Vogel, flieg weiter,
nimm ein' Gruß mit und ein' Kuss,
denn ich kann dich nicht begleiten,
weil ich hier bleiben muss.*

Suse, liebe Suse

1. Suse, liebe Suse,
was raschelt im Stroh?
Das sind die lieben Gänslein,
die habe kein' Schuh.
Der Schuster hat Leder,
kein Leisten dazu.
Drum kann er den Gänslein
auch machen kein' Schuh!
2. Suse, liebe Suse,
schlägt's Küchelchen tot!
Es legt mir keine Eier
und frist mir mein Brot.
Da rupfen wir alle die Federchen aus
und machen dem Kindlein
sein Bettchen daraus.
3. Suse, liebe Suse, ist das eine Not!
Wer schenkt mir einen Dreier
zu Zucker und Brot?
Verkauf ich mein Bettchen
und leg mich aufs Stroh.
Da sticht mich keine Feder
und beißt mich kein Floh.

Dornröschen

1. Dornröschen war ein schönes Kind, schönes Kind, schönes Kind.
Dornröschen war ein schönes Kind,
schönes Kind.
2. Dornröschen, nimm dich ja in Acht ...
3. Da kam die böse Fee herein ...
4. Dornröschen, schlafe hundert Jahr ...
5. Da wuchs die Hecke riesengroß ...
6. Da kam der junge Königsohn ...
7. Dornröschen, wache wieder auf ...
8. Da feierten sie das Hochzeitsfest ...
9. Es jubelte das ganze Volk ...

Ein Schneider fing 'ne Maus

1. Ein Schneider fing 'ne Maus,
ein Schneider fing 'ne Maus,
ein Schneider fing 'ne Mause-Maus,
Mi-Ma-Mause-Maus,
ein Schneider fing 'ne Maus.
2. Was macht er mit der Maus? ...
Mause-Maus, Mi-Ma-Mause-Maus ...
3. Er zieht ihr ab das Fell ...
Mause-Fell, Mi-Ma-Mause-Fell ...
4. Was macht er mit dem Fell? ...
Mause-Fell, Mi-Ma-Mause-Fell ...
5. Er macht sich einen Sack ...
Mause-Sack, Mi-Ma-Mause-Sack ...
6. Was macht er mit dem Sack? ...
Mause-Sack, Mi-Ma-Mause-Sack ...
7. Er legt hinein sein Geld ...
Mause-Geld, Mi-Ma-Mause-Geld ...
8. Was macht er mit dem Geld ? ...
Mause-Geld, Mi-Ma-Mause-Geld ...
9. Er kauft sich einen Bock ...
Mause-Bock, Mi-Ma-Mause-Bock ...
10. Was macht er mit dem Bock ...
Mause-Bock, Mi-Ma-Mause-Bock ...
11. Er reitet im Galopp ...
Maus-Galopp, Mi-Ma-Maus-Galopp ...
12. Was macht er
im Galopp?
Maus-Galopp,
Mi-Ma-Maus-Galopp ...
13. Er fängt sich
eine Maus ...
Mause-Maus,
Mi-Ma-Mause-Maus ...

DAS A
C
A B C D E F
Q R S T
Q R S T U V
Z
X Yp - si lon Z Ju - he

C-LIED
H I J K L M N O P
W
A B C
Wir wol - len ler - nen das A B C!

Hänsel und Gretel

*1. Hänsel und Gretel verliefen
sich im Wald. Es war so finster
und auch so bitter kalt.
Sie kamen an ein Häuschen
von Pfefferkuchen fein.
Wer mag der Herr wohl von
diesem Häuschen sein.
2. Hu, hu, da schaut eine alte
Hexe raus! Lockte die Kinder ins
Pfefferkuchenhaus.
Sie stellte sich gar freundlich,
o Hänsel, welche Not! Ihn wollt' sie
braten im Ofen braun wie Brot.
3. Doch als die Hexe zum Ofen
schaut hinein, ward sie gestoßen
von Hans und Gretelein.
Die Hexe musste braten,
die Kinder geh'n nach Haus.
Nun ist das Märchen von Hans und
Gretel aus.*

Auf einem Baum ein Kuckuck saß

*1. Auf einem Baum ein Kuckuck
sim sa la bim bam
ba sa la du sa la dim
auf einem Baum ein Kuckuck saß.
2. Da kam ein junger Jäger
sim sa la bim bam
ba sa la du sa la dim
da kam ein junger Jägersmann.
3. Der schoss den armen Kuckuck
sim sa la bim bam
ba sa la du sa la dim
der schoss den armen Kuckuck tot.
4. Und als ein Jahr vergangen
sim sa la bim bam
ba sa la du sa la dim
und als ein Jahr vergangen war,
5. da war ein neuer Kuckuck
sim sa la bim bam
ba sa la du sa la dim
da war ein neuer Kuckuck da.
6. Da freuten sich die Leute
sim sa la bim bam
ba sa la du sa la dim
da freuten sich
die Leute sehr.*

Heimwerker und Bastler

Reparieren, basteln, hämmern, sägen, schrauben, nähen, malen oder tapezieren: Darf Ihr Kind bei all diesen Tätigkeiten dabei sein und mitmachen, fördern Sie damit seine praktische Intelligenz, seine Geschicklichkeit, Feinmotorik und Kreativität. Außerdem lernt es viel wirklich Nützliches.

Bauen und gestalten

Aus Schuhkartons und anderen Schachteln können Sie ein tolles Puppenhaus bauen. Tackern oder kleben Sie die Schachteln an den Seitenwänden zusammen. Ab drei Jahren kann das auch Ihr Kind, wenn Sie es dabei unterstützen.

Aus Holzklötzchen (bestens geeignet ist Sägeabfall aus dem Baumarkt; einfach mal nachfragen) können Sie und Ihr Kind „Möbel“ für das Haus gestalten. Unterschiedlich große Klötzchen abschmirgeln und mit Farbe bemalen. Ihr Kind nimmt am besten ungiftige Finger- oder Wasserfarben oder Wachsmalkreiden.

Holzstücke können Sie auch zusammenleimen, -schrauben oder -nageln, sodass Kisten oder Puppenmöbel entstehen.

Für solche Arbeiten sollte Ihr Kind mindestens vier, besser fünf Jahre alt sein.

Malen und tapezieren

Ziehen Sie Ihrem Kind einen Malerkittel an, zum Beispiel ein abgelegtes Erwachsenen-T-Shirt oder eine große Mülltüte, in die Sie am Boden und an den Seiten Löcher für Kopf und Arme geschnitten haben. Kopfbedeckung wie Hütchen oder Tuch nicht vergessen.

Wenn Sie Ihre Wände streichen, kann Ihr Kind (ab etwa drei Jahren) kleinere, ihm zugewiesene Wandstücke übernehmen oder in einem Raum die Ecken auspinseln.

Tapezieren Sie, kann Ihr Kind das Werkzeug reichen oder den Kleister umrühren. Wenn es selbst Hand anlegen will, geben Sie Ihm einen eigenen kleinen Tisch, einen Pinsel und einen kleinen Eimer mit Kleister sowie die Tapetenreste, die bei Ihnen anfallen. Dann kann es sein Puppenhaus oder das Kartonhaus tapezieren, während Sie die Wohnung verschönern.

Malerhut aus Zeitungspapier

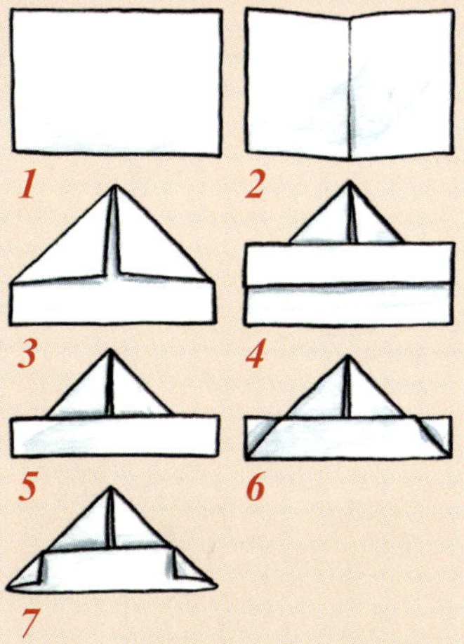

Eine Zeitungsseite in der Mitte falten. Nochmals in der Mitte falten, um die Mittellinie zu markieren. Wieder auseinander klappen. Die Ecken an der geschlossenen Kante zur Mittellinie knicken. Die vordere Lage des unten überstehenden Randes auf der Vorderseite, die andere auf Rückseite des Hutes nach oben falten. Anschließend die überstehenden Ecken von beiden Seiten aus jeweils nach hinten knicken. Fertig ist ein Malerhut.

Nageln, hämmern, schrauben

Werkbänke sowie Schrauben und Hammer ganz aus Holz gibt es im Spielwarenhandel bereits für Einjährige – ein gutes, ungefährliches Einstiegsspielzeug für Ihren kleinen Heimwerker. Etwa ab zweieinhalb Jahren können Sie Ihrem Kind auch schon „echtes“ Werkzeug geben. Es sollten aber nur leichte Gegenstände sein wie etwa ein kleiner Hammer oder eine kleine Zange. Damit darf es auch nur hantieren, wenn Sie dabei sind.

Mit zunehmendem Alter lernt Ihr Kind mit Wasserwaage, Schraubzwinge, Zentimetermaß oder Schraubenzieher umzugehen, wenn Sie es ihm zeigen. Als Material, an dem Ihr Kind seine Werkkünste anwenden kann, eignet sich am besten weiches Holz.

Beim Heimwerken trainiert ein Kind nicht nur seine feinmotorischen und kreativen Fähigkeiten. Es fühlt sich dabei auch „groß“ und gewinnt an Selbstbewusstsein. Etwa ab zweieinhalb Jahren kann es unter Anleitung „echtes“ Werkzeug benutzen.

Nähen und stricken

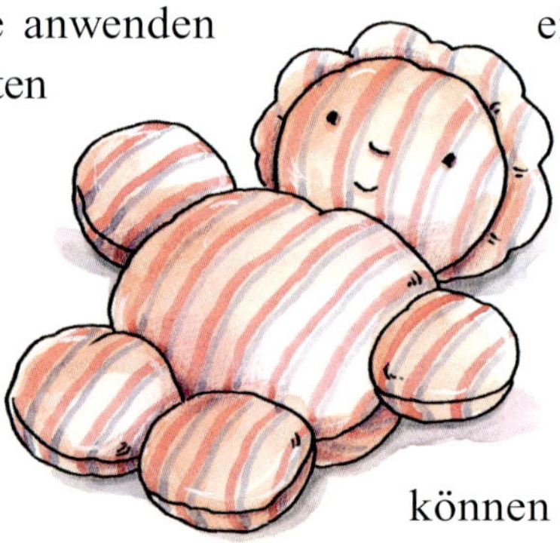

Stoffe, Wolle, Bindfaden, Zwirn: Schon für Zweijährige ist eine gut sortierte Nähkiste eine Schatztruhe. Die unterschiedlichen Stoffe fühlen sich verschieden an. Machen Sie ein Ratespiel daraus. Sie können auch gemeinsam mit Ihrem Kind ein Tastbuch herstellen. Kleben oder takkern Sie auf die einzelnen Seiten (zum Beispiel dünnen Karton) kleine Stücke von Wollstoff, Kunstpelz, Leder, Gummi, Samt, Baumwollstoff, Schwamm, ein paar dicke Wollfäden. Ihr Kind kann dann ertasten, wie unterschiedlich sich dies anfühlt. Sobald es die einzelnen Dinge benennen kann, soll es die Oberflächen auch mit geschlossenen Augen befühlen und erraten, was es ist.

Ab etwa vier Jahren kann ihr Kind mit einer dicken Stopfnadel schon kleine Stoffstücke aneinander nähen, wenn Sie es ihm zeigen und die Nadel einfädeln. Aus lauter kleinen Stücken kann es beispielsweise ein Decke für seine Puppe nähen. Später ein einfaches Kleid oder einen Umhang.

Ein wunderbarer Zeitvertreib für Ihr Kind (ab etwa drei Jahren) ist das Sortieren von Knöpfen – nach Größe, Farbe, ob das Material rau oder glatt ist, ob der Knopf zwei oder vier Löcher hat oder nur auf der Unterseite eine Öse. Kann Ihr Kind schon zählen, darf es Häufchen zusammenlegen – immer so viele, wie es schon zählen kann.

Etwa ab fünf Jahren können Kinder mit einer Strickliesel stricken. Dabei entstehen schöne dicke Schnüre, aus denen sich beispielsweise Untersetzer für Gläser nähen lassen. Man rollt dafür die Schnur zu einer spiraligen Fläche und fixiert die einzelnen Windungen mit ein paar Stichen.

Der Computer

In den ersten sechs Lebensjahren haben Kinder ein riesengroßes Entwicklungspensum zu bewältigen. Sie müssen wachsen und größer werden, in ihrem Gehirn müssen sich Millionen von Nervenenden verknüpfen. Die Muskulatur muss an Kraft gewinnen, damit das Kind auf seine Füße kommt und laufen lernt. Es muss sich überhaupt vom liegenden Säugling zum geschickten aufrechten Zweibeiner entwickeln, der irgendwann auch den Kinderwagen verlässt und sich eigenständig überall dorthin bewegt, wo er hin möchte. Nebenbei muss sich das Kind auch noch vom schreienden Winzling zum sprechenden Kleinkind entwickeln. Es muss denken, singen, tanzen, spielen, aufräumen, sich anziehen und waschen, mit Freunden klarkommen. Es ist sehr, sehr viel, was in diesen ersten sechs Jahren im Leben des Kindes passiert. Und alles ist erst einmal vollkommen neu und unbekannt. Was ein Kind für diese Entwicklung ganz sicher überhaupt nicht braucht, ist ein Computer.

Denn der Computer regt, ähnlich wie der Fernseher, ein Kind nicht zur Bewegung an. Im Gegenteil, er verdammt es sogar zum Stillsitzen. Außerdem bietet der Computer kaum Anreize für die Sinne. Das Kind hat nichts zu fühlen, nichts zu riechen, nichts zu schmecken. Lediglich Augen und Ohren erhalten Reize, werden dabei aber auch leicht überreizt. Der Computer unterstützt die soziale Entwicklung nicht, weil man dazu weder die Eltern noch andere Kinder braucht.

Doch das ist nur die halbe Wahrheit. Zu bedenken ist auch:

Unsere gesamte Lebenswelt ist heute durchdrungen von Computern aller Art. Computer gehören zum Alltag wie Waschmaschine, Fernseher oder Kühlschrank. Ganz klar werden deshalb auch schon Kleinkinder mit Computern in Kontakt kommen. Spiele- und Lerncomputer oder entsprechende Software werden ja auch schon für die ganz Kleinen angeboten – in der Regel ab drei Jahren, in den USA gibt es aber bereits Computer, die für Babys ab sechs Monaten geeignet sein sollen. Pädagogische Experten hierzulande sind sich zwar nicht ganz einig über Nutzen und/oder Schaden eines Computers, sie stehen aber eher auf dem Standpunkt, dass Kinder unter drei bis vier Jahren von Computern verschont werden und Kinder unter zehn bis zwölf Jahren zumindest keinen eigenen PC besitzen sollten. Grund: Sie müssen sich dann mehr mit den Eltern absprechen, wenn sie an den Familiencomputer wollen, wodurch

Was macht die Maus in meinem Haus?

Mäuse sind flinke kleine Tierchen, die man lieber nicht im Haus hat. Ausnahme: Die Computer-Maus, mit der auf dem Bildschirm Bilder bewegt, Programme gestartet und Spiele gespielt werden. Computerspiele sollten sich Eltern immer gut anschauen – ob die Inhalte auch für ihr Kind geeignet sind (bitte keine Gewalt). Beim Spielen wird Konzentration, Schnelligkeit und die Augen-Hand-Koordination geübt. Das Computerspiel sollte auf alle Fälle eines unter vielen sein. Dann schadet es nicht.

sich der Konsum automatisch verringert. Tatsächlich wird das Interesse und der Umgang eines Kindes mit Computern wie in allen anderen Lebensbereichen auch stark vom Vorbild der Eltern abhängen: Spielt das elektronische Gerät eine große Rolle in der Familie, wird das Kind sicher früher und intensiver damit in Kontakt kommen, als wenn er eher ein Schattendasein fristet.

Behutsam an den Computer heranführen

Was also tun? Der Computer ist bis zum Schulalter für eine optimale Förderung nicht notwendig. Er schadet aber auch nicht, wenn er sinnvoll eingesetzt wird. Denn der Umgang damit hat durchaus auch positive Seiten: Aufmerksamkeit und Konzentration werden gefördert. Die richtigen Spiele können Kreativität und Fantasie anregen und durch positive Rückmeldungen das Selbstwertgefühl stärken.

Tipps für einen sinnvollen Umgang mit dem Computer:

- Den Computer nicht als „Babysitter“ verwenden. Auch wenn sich Ihr Kind dann eine Zeit lang still hält, sollten Sie es nie vor dem Computer „parken“.
- Der Computer soll immer nur eine Spielmöglichkeit unter vielen anderen sein. Wenn sich Ihr Kind nicht dafür interessiert, üben Sie keinen Druck aus. Es ist für seine Entwicklung nicht notwendig, vor der Schule den Umgang mit dem Computer zu lernen.
- Schauen Sie sich die Spiele oder Lernsoftware genau an. Es darf kein Zeitdruck aufs Kind ausgeübt werden. Gerade kleine Kinder brauchen ihr eigenes Tempo, müssen zwischendurch auch träumen können.
- Sprechen Sie mit Ihrem Kind darüber, was es am Computer erlebt und gespielt hat. Lassen Sie es die Erfahrungen „in echt“ nachspielen. Dabei stellen Sie leicht fest, ob ein Spiel dabei war, das Ihr Kind ängstigt oder verstört. Solche Programme sollten Sie schnell ausmustern.

Ausmalen, zählen, Farben und Formen sortieren – all dies geht heute auch virtuell am Computer. Das schadet nicht, wenn es nicht zum Ersatz für die Realität wird, sondern ein zusätzliches Element im Leben des Kindes ist.

Viertes Kapitel

Spiele für draußen und unterwegs

Herumtollen, klettern, toben, laufen – dazu braucht man die meisten Kinder nicht ermuntern. Ihr angeborener und ausgeprägter Bewegungsdrang treibt sie geradezu an. Allerdings kann es manchmal sinnvoll sein, die Abenteuerlust der Kleinen etwas zu bremsen oder in ungefährliche Bahnen zu lenken – vor allem, wenn man keinen eigenen Garten hat und die Spiele in den Park, Wald oder auf die Wiese verlegt werden müssen, wo Vorschriften einzuhalten sind und auch Rücksicht gegenüber Spaziergängern und Vorsicht vor herumlaufenden Hunden angebracht ist. Dann braucht man natürlich ein optimales Spielangebot. Auch unterwegs besteht durchaus nicht immer ausreichend Gelegenheit zum Toben. Damit es in der Bahn, im Stadtgetümmel beim Einkaufen, beim Warten auf dem Bahnhof oder Flughafen aber nicht langweilig und dadurch auch nervig wird, sollte man Spielangebote parat haben, die Kindern und Erwachsenen Spaß machen. Dabei vergeht nicht nur die Zeit wie im Fluge, sondern sie tragen auch zur bestmöglichen Entwicklung Ihres Kindes bei.

Kleine Naturfreunde

Auch wenn Sie keinen Garten oder Balkon haben, kann Ihr Kind seine gärtnerischen Fähigkeiten üben: Ein Topf mit Kräutern oder bunten Blumen hat auf jeder Fensterbank Platz.

Egal, ob Sie einen Garten, einen Balkon oder nur Topfpflanzen in der Wohnung und ein paar Kräuter auf der Fensterbank haben; egal, ob Sie über einen „grünen Daumen“ verfügen oder eher weniger naturverbunden sind: Beziehen Sie Ihr Kind in Ihre diesbezügliche Arbeit mit ein. Geben Sie ihm auch selbst etwas zum Pflanzen, Pflegen, Betreuen und Ernten. Denn damit machen Sie ihm mit Sicherheit eine große Freude und Sie fördern viele seiner Fähigkeiten. Es lernt den Kreislauf der Natur kennen, erfährt viel über Jahreszeiten, Temperatur, Wetter, Pflanzen und Tiere, es bekommt Anregungen für alle seine Sinne, lernt Verantwortung zu übernehmen und gewinnt zudem Selbstbewusstsein.

Bereits Ihr Baby interessiert sich für hübsche Blüten, Farben und Gerüche. Lassen Sie es überall dabei sein, auch mal in die Erde fassen, an einer Blüte schnuppern. Passen Sie gut auf, dass es nichts verschluckt, was ihm schaden könnte. Achten Sie darauf, dass es nichts Giftiges in die Finger bekommt. Denn die Kleinen müssen alles noch mit dem Mund untersuchen. Ab etwa ein bis eineinhalb Jahren kann Ihr Kind schon Blumen gießen, auch mal ein paar Kräuter pflücken oder einfach in der Sandkiste im Garten oder auf dem Rasen „Wasserspiele“ mit Gießkannen und Bechern machen.

Ab zwei bis zweieinhalb Jahren freuen sich Kinder, wenn sie selbst etwas pflanzen können. Es sollte aber etwas sein, was sich rasch verändert. Also besser ein kleines Pflänzchen besorgen, das Ihr Kind beim Wachsen beobachten kann, als Samen, der lange braucht, bis er ausgetrieben hat. Ist nichts zu sehen, verliert ein kleines Kind schon nach einem Tag das Interesse.

Drei- bis Vierjährige können dagegen schon ein paar Tage ausharren, ehe von einem Samenkorn, das sie eingepflanzt haben, ein Keimling zu sehen ist. Sie übernehmen auch schon ein wenig Verantwortung für ihren eigenen Blumentopf, ihre Kräuterschale oder ihr Gemüsebeet im Garten. Natürlich brauchen sie dafür noch die tatkräftige Unterstützung von Mutter und Vater.

Ab fünf Jahren kann ein Kind dann schon richtig gärtnern, sich selbstständig um ein kleines Pflanzbeet kümmern und die Verantwortung für „seine“ Pflanzen übernehmen.

Besonderen Spaß macht das Gärtnern, wenn die Zeit der Ernte gekommen ist: Selbst gezogene und geerntete Früchte, Kräuter und Gemüse schmecken allen Kindern gleich doppelt so gut. Selbst kleine Gemüsemuffel werden begeistert an der Karotte knappern.

Sicherheit auf dem Balkon und im Garten

Wo es für Kinder besonders spannend und interessant ist, lauern meist auch Gefahren. Damit Ihrem Kind bei der Arbeit auf der Fensterbank, auf dem Balkon und im Garten nichts passiert, beachten Sie bitte folgende Hinweise:

- Blumenerde, Blumenwasser sind wegen der darin enthaltenen Düngemittel in der Regel giftig. Ihr Kind sollte grundsätzlich nichts davon in den Mund nehmen oder trinken.
- Viele Pflanzen sind giftig und können für Kinder zur tödlichen Gefahr werden. Solange Ihr Kind klein ist, macht es Sinn, in der Wohnung keine giftigen oder Schleimhaut reizenden Pflanzen zu haben bzw. solche Töpfe nach oben zu stellen. Im Garten überhaupt nichts Giftiges zu pflanzen dürfte schwierig sein, denn viele sehr schöne Blumen und Sträucher haben giftige Bestandteile, zum Beispiel Fingerhut, Maiglöckchen, Seidelbast, Phlox, Bilsenkraut, Aronstab, Stechpalmen, Oleander und viele Pflanzen mehr.

Im Internet kann man sich ausführlich über Giftpflanzen sowie erste Hilfe bei Vergiftungen informieren (www.giftpflanzen.com; www.botanikus.de; www.aid.de/giftige-pflanzen).

Doch giftige Pflanzen weder im Haus noch im eigenen Garten anzupflanzen hilft nicht viel weiter, da sie auch auf Spielplätzen und in Grünanlagen angepflanzt sind. Sie können Ihr Kind am besten schützen, wenn Sie es von Anfang an dazu anzuhalten, grundsätzlich nichts abzureißen oder zu essen, was draußen wächst.

Später, wenn das Kind älter wird (im Schulalter), kann dieses Verbot gelockert werden, indem erlaubt wird, ausschließlich bekannte Pflanzen zu pflücken oder ihre Früchte zu essen. Davor sollte Ihr Kind immer einen Erwachsenen fragen, ob das, was es pflücken oder essen möchte, auch bekömmlich ist.

- Gartengeräte wie Harke, Gartenschere, Rasenmäher kindersicher aufbewahren.
- Legen Sie keinen Gartenteich an, solange Sie Kinder unter zwei Jahren haben. Die Gefahr zu ertrinken ist enorm. Falls bereits ein Gartenteich vorhanden ist: Sichern Sie ihn optimal, sodass kein kleines Kind unbemerkt ins Wasser geraten kann. Kleinkinder können bereits in flachen Pfützen ertrinken!

Kinder sind fasziniert von blühenden Pflanzen und reifen Beeren, die zum Riechen, Befühlen und Naschen verlocken. Doch Achtung beim Erkundungsgang im Garten und Park: Viele Zierpflanzen sind giftig und selbst einige unserer Nutzpflanzen wie Kartoffeln oder Bohnen in rohem Zustand.

Gartenerlebnisse im Jahresverlauf

Der Garten bietet nicht nur „Arbeit“ für Ihr Kind, sondern auch wunderbare Naturerlebnisse. So kann Ihr Kind nicht nur das Werden und Vergehen der Pflanzen beobachten, sondern auch Entdeckungen in der Tierwelt machen.

Frühling lässt sein blaues Band …

Nun kommen die ersten Schmetterlinge wie Zitronenfalter oder Tagpfauenauge. Zugvögel wie Singdrossel, Kiebitz und Specht kehren aus dem warmen Süden zurück.

● Haben Sie auch „wilde Ecken“ im Garten, bekommen Brennnesseln jetzt junge Triebe. Sie können sie zusammen mit Ihrem Kind ernten (Handschuhe anziehen, dann brennt es sicher nicht). Aus Brennnesseln lassen sich leckere Gemüsegerichte, zum Beispiel Brennnesselspinat, zubereiten.

Rezept:
Etwa 2 Hände voll Brennnesseln in kochendes Salzwasser werfen, gleich wieder abgießen und in kaltes Wasser geben. Das erhält die Farbe. Eine kleine Zwiebel würfeln, in Butter andünsten, eine Knoblauchzehe pressen und dazugeben, ein wenig dünsten lassen, dann die Brennnesseln untermischen und mit Salz, Pfeffer und Muskat würzen.

● Vielleicht wächst Bärlauch (auch wilder Knoblauch genannt) in Ihrem Garten. Seine Blätter riechen stark nach Knoblauch und es lassen sich leckere Sachen damit kochen.
Aber Vorsicht! Bärlauch kann mit den giftigen Blättern von Maiglöckchen verwechselt werden. Also immer daran schnuppern und das Kind daran schnuppern lassen. Strömen die Blätter keinen Knoblauchduft aus, ist es kein Bärlauch.

Der selbst gemachte Naturkalender

Im Bastelgeschäft gibt es Kalender, die für jeden Monat Platz für ein selbst gemaltes Bild oder Foto haben. Lassen Sie Ihr Kind jeden Monat ein Naturbild in einen solchen Kalender malen, passend zu dem, was draußen gerade vorgeht oder was es erlebt hat. Eine Biene auf einer Blüte, einen Baum mit Äpfeln dran, eine Bank auf der Wiese, das Planschbecken auf der Terrasse, ein Schneemann im Winter. Sie haben fürs ganze Jahr einen hübschen und praktischen Wandschmuck, wenn Sie den Kalender aufhängen.

Aus einem Blatt lässt sich ganz schnell eine Tüte basteln, um darin selbst gepflückte Beeren oder eine Sammlung von Steinchen zu transportieren: Einfach ein großes Blatt falten und mit dem Stiel zusammenstecken.

● Falls Sie genug Platz haben, lassen Sie Ihr Kind ein eigenes Beet mit Pflanzen anlegen. Der Mai ist der beste Monat dafür. Es eignen sich alle Pflanzen, die rasch wachsen – zum Beispiel Tomaten, Kohlrabi, Kürbis, Zucchini, Erdbeeren. Schnellen Erfolg nach dem Aussäen zeigen auch Zuckererbsen, Buschbohnen, Radieschen oder Kresse. Lassen Sie Ihr Kind auch ein paar Blumen pflanzen, beispielsweise Ringelblumen, Gänseblümchen oder Margeriten. Ziehen die Blüten Hummeln, Bienen oder Schmetterlinge an, macht das Kindern meist große Freude und sie lernen gleichzeitig noch einiges dabei.

● Etwas ganz Tolles für Kinder ist ein Bohnen-Tipi. Dafür müssen Sie dünne Holz- oder Weidenstangen schräg in den Boden stecken (etwa 20 cm tief) und oben überkreuzen und mit Schnur zusammenbinden. Der Kreis, den die Stangen am Boden bilden, sollte etwa einen Meter Durchmesser haben, der Abstand zwischen den Stangen etwa 30 cm betragen. Vergessen Sie nicht, an einer Stelle einen „Eingang“ offen zu lassen. Mitte Mai, nach den Eisheiligen können Sie zusammen mit Ihrem Kind die Bohnensamen (Feuerbohnen oder andere rankende Sorten) in die Erde stecken. Mit der Zeit entsteht so ein üppiges grünes Zelt für die Kinder.

● Aus den ersten Gänseblümchen, frischen Gräsern, Vergissmeinnicht und was sonst noch so im Frühling blüht, können Sie zusammen mit Ihrem Kind einen hübschen Blütenkranz flechten: Nehmen Sie zwei, drei Blüten und binden diese mit Garn zusammen. Dann werden die nächsten Blüten direkt unter den anderen an deren Stängeln festgebunden – so lan-

ge, bis sich daraus ein Kränzchen fürs Haar Ihres Kindes legen lässt.
Man kann die Blüten auch an einen festen Ring, z.B. aus einer Weidenrute, festbinden.

- Kann Ihr Kind einen sonnigen Platz im Garten für sich haben, kann es dort Erdbeeren pflanzen. Am besten zieht es sie auf der Fensterbank vor – sie wachsen gut in Kakteenerde. Nach den Eisheiligen werden die Pflanzen mit einem Abstand von ca. 20 cm ins Beet gesteckt. Sind die ersten reif und können geerntet werden, gibt es leckeren Nachtisch, z.B. pur, mit Quark, Vanilleeis oder Sahne gemischt.

- Radieschen können Kinder ebenfalls säen und ernten: Ab März und den ganze Sommer über kann immer wieder Samen ins Beet gesteck werden. Ab Mai sind bei schönem, warmem Wetter bereits die ersten Radieschen zu ernten. Wunderbar als Frühstück oder zur nachmittäglichen Pause: Radieschen waschen, in Scheiben schneiden und auf ein Butterbrot legen. Leicht salzen und das Salz etwas „wirken" lassen. Das nimmt den Radieschen die Schärfe. Etwas Schnittlauch drauf und fertig ist eine prima Brotzeit.

Tra, ri, ra, der Sommer der ist da

Jetzt steht alles in voller Blüte und es summt und brummt im Garten. Nun fliegt und kriecht allerlei nützliches und weniger nützliches Getier in der Natur.
Sehr nützlich sind zum Beispiel Florund Schwebfliegen, Schlupfwespen, Spinnen sowie zahlreiche Käfer. Beliebt bei Erwachsenen wie bei Kindern: die hübschen Marienkäfer, die sich vorwiegend von Blattläusen ernähren. Gehen Sie also mit Ihrem Kind im Garten auf Tiersuche. Es gibt viel zu entdecken und zu beobachten.

- Machen Sie eine Riech-Tour durch den Garten. Im Juni blühen so unterschiedlich duftende Hecken wie schwarzer Holunder, Heckenrose und Weißdorn. Lassen Sie Ihr Kind daran schnuppern, damit es den Unterschied zwischen den Pflanzen kennen lernt. In blühenden Hecken und Sträuchern lassen sich ebenfalls viele Insekten und Käfer beobachten. Mit einer Lupe (ab zwei Jahren) in der Hand wird der Gang durch den Garten zur spannenden Expedition.

Stockbrot – am Lagerfeuer selbst gebacken

Nicht nur Würstchen lassen sich auf dem Grill oder am Lagerfeuer braten. Begeistert sind Kinder auch von Stockbrot, für das sie den Teig selbst vorbereiten können. Dafür 400 g Mehl, 1 TL Salz, 2 TL Backpulver und 50 g Butter gut kneten, bis die Mischung krümelig ist. Anschließend 150 ml Milch oder Wasser zugeben und alles zu einem geschmeidigen Teig kneten. Teigstücke abteilen, zu langen Rollen formen und um einen Stock wickeln. Über dem Feuer etwa fünf Minuten backen.

● Abenteuer pur erlebt Ihr Kind, wenn Sie ein kleines Zelt im Garten aufstellen, wo es mit Freunden, Puppen und ein paar anderen Spielsachen einziehen kann. Im Zelt übernachten sollten Vorschulkinder nicht allein. Wenn ein Erwachsener oder älterer Jugendlicher mitmacht, kann dies aber zum tollsten Sommererlebnis werden.

● Im Sommer sind viele Beeren und das erste Obst reif. Lassen Sie Ihr Kind beim Ernten und beim anschließenden Verarbeiten helfen.
Weil jetzt alles so in voller Blüte steht, kann Ihr Kind auch mal einen schönen Blumenstrauß pflücken und in einer Vase arrangieren. Auch beim Unkrauterkennen und Jäten kann Ihr Kind jetzt helfen oder mit einem Handrasenmäher über die Wiese fahren (Motorrasenmäher sind für kleine Kinder zu gefährlich).

● Bei Kindern im Sommer auch sehr beliebt: Im Garten grillen. Übrigens muss es nicht ausschließlich Wurst und Fleisch sein, was auf den Grill kommt. Kinder mögen auch Gemüse. Geeignet sind etwa Paprika, Zucchini (vielleicht aus der eigenen Ernte?), Maiskolben, Kartoffeln. Auch Brot vom Grill hat einen ganz wunderbaren Geschmack.
Größere Kinder (ab etwa fünf Jahren) dürfen unter Aufsicht am Elektrogrill auch schon mit Grillbesteck hantieren und für sich selbst oder die anderen feine Stücke grillen.

● Aus bunten Sommerblüten lassen sich von älteren Kindern wunderschöne Kränze fürs Haar basteln. Dafür die Blüten am Blütenboden mit einem Draht durchstechen und auffädeln. Anschließend zu einem Kranz biegen und die Enden miteinander verschlingen. Besonders beliebt sind bei kleinen Mädchen auch Gänseblümchenkränze: Der weiche Stiel wird am unteren Ende durchbohrt und durch dieses Loch das nächste Blümchen gefädelt. Auf diese Weise wird ein Gänseblümchen nach dem anderen zu einer Kette aufgefädelt. Das letzte Loch muss etwas größer sein, damit das Köpfchen des ersten Blümchens durchpasst.

● Eine sehr beliebte Blumenkette, die leicht zu basteln ist, wird aus Löwenzahnstängeln hergestellt: Den hohlen Stängel zu einem Ring drehen und die Enden ineinander stecken. Dann den nächsten Stängel auf die gleiche Weise durch den ersten Ring stecken – und so weiter, bis die Kette lange genug ist. Den letzten Ring durch den ersten stecken und die Kette um den Hals, oder ein kürzere als Krone auf den Kopf legen. Achtung: Die Löwenzahnmilch ist sehr bitter. Sagen Sie Ihrem Kind, dass es nach dem Basteln die Finger nicht ablecken, sondern am besten gleich waschen soll.

● Mit frischen grünen Blättern lässt sich eine hübsche Girlande basteln. Zum Beispiel als Schmuck für den Esstisch im Garten oder auf der Terrasse. So geht's: Ein Blatt mit der Spitze ans untere Ende eines anderen Blattes legen, mit einem kleinen Zweig, einer Tannennadel oder, wenn es größere Blätter sind, mit einem Zahnstocher zusammenheften. Das nächste Blatt dahinter – usw.
Dreht man die Blättergirlande hochkant und steckt das erste und letzte Blatt zu einem Kreis zusammen, entsteht eine hübsche Blätterkrone.

● Wer im Sommer Geburtstag hat, hat es gut. Denn er kann im Garten feiern. Besonders schön, wenn auf dem Buffet für die Gäste selbst gezogene Blumen, Kräuter und Früchte stehen. Für ein tolles Spiel bietet sich ein Schnupper- und Probierstand an: Man legt Kräuter und Blumen auf einen Tisch oder stellt sie in Vasen oder Gläser darauf; außerdem verschiedenes Obst. Das kann klein geschnitten sein und in verschließbaren Dosen oder Gläsern präsentiert werden. Jedes Kind kommt an den Stand und muss raten, was es riecht oder schmeckt. Hat es richtig geraten, gehört ihm das „Objekt".
Übrigens: Kräuter entfalten ihr Aroma am besten, wenn man sie kurz zwischen den Fingern reibt. Dann duften die Finger noch lange nach.

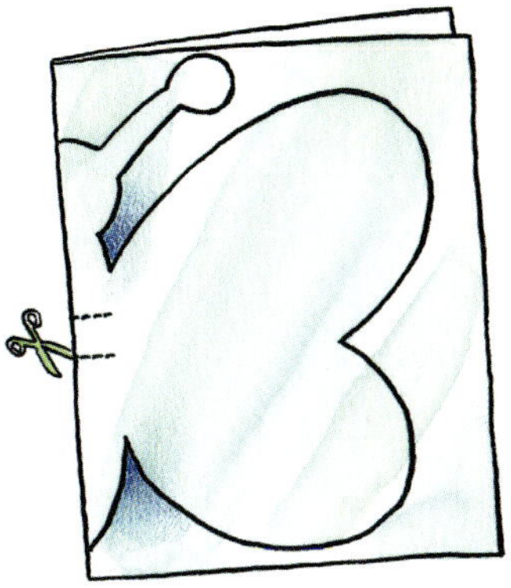

Schmetterlinge sind bekanntlich flatterhaft. Aber man kann sich leicht selbst einen basteln, der bestimmt nicht wegfliegt. Dafür ein Blatt Papier in der Mitte falten, eine halbe Schmetterlingsfigur aufzeichnen und ausschneiden. Nun kann der Schmetterling nach Lust und Laune bunt bemalt werden.

Herbst: Bunt sind schon die Wälder …

Aus Kastanien lassen sich tolle Männchen basteln: Eine große Kastanie mit einem Messer aushöhlen (dabei sollten Mutter oder Vater helfen, damit nichts passiert). Anschließend ein Gesicht aufmalen und als Körper ein Taschentuch durch die Öffnung ziehen.

Im Herbst ist Erntezeit, der Garten wird nach und nach für den Winter vorbereitet, die Zugvögel verlassen das Land, die Blätter an den Bäumen färben sich. Kastanien, Eichen, Buchen und Nussbäume werfen ihre Früchte ab und viele einheimische Tiere machen sich bereit für den Winterschlaf. Es gibt also wieder viel für Ihr Kind zu erleben, zu lernen, zu fühlen, zu riechen und zu hören.
Lassen Sie sich bei der Ernte helfen, falls Sie Obstbäume im Garten haben. Ihr Kind kann Äpfel, Birnen, Pflaumen und Mirabellen vom Boden aufheben oder die von Ihnen gepflückten nach Größe sortieren. Es kann jedes Stück Obst genau begutachten und angestoßene von perfekten Früchten trennen.
Aus Kastanien, Bucheckern, Eicheln und bunten Blättern lassen sich hübsche Sachen basteln – das fördert die Kreativität. Falls Sie keine großen Bäume im Garten haben, finden Sie diese auch im Park oder Wald in der Gegend.

- Aus aufgeschnittenen Kastanien (das Durchschneiden sollten auf jeden Fall Sie übernehmen) lassen sich mit Zahnstochern und Papier, Blättern oder Blattteilen wunderbare kleine Segelschiffe basteln.

- In einen flachen Karton Kastanien & Co. zu einem Bild „drapieren". Wenn fest steht, wie es am besten aussieht, kann man die einzelnen „Zutaten" festkleben, damit alles besser hält.

- Kastanien, Eicheln und Bucheckern zu Figuren (Männchen, Tiere) zusammenkleben oder mit kleinen Hölzchen oder Nägeln zusammenstecken. Beim Zusammenstecken braucht ein Kind unbedingt Hilfe, damit es sich beim Löcherbohren und Stecken nicht verletzt.

- Wenn man trockene und harte Kastanien über Nacht in Wasser einweicht, lassen sie sich besser zum Basteln verwenden. Sind sie frisch vom Baum gefallen, ist es kein Problem, sie aufzuschneiden oder anzubohren. Doch das sollten bei kleinen Kindern (unter fünf Jahren) immer die Erwachsenen machen. Die größeren Kinder müssen behutsam angeleitet und unterstützt werden.

- Schöne bunte Blätter lassen sich auf ein großes Blatt festes Papier oder Karton zu einem Bild arrangieren und festkleben.

- Bunte Blätter unter dünnes Papier legen, mit Buntstiften (am besten weiche Kreide) vorsichtig darüber malen.

- Bunte Blätter lassen sich zu hübschen „Blüten" aufreihen. Dazu verschiedene Blätter auf einen Draht aufstecken oder mit einer dicken Stopfnadel auf einen Faden aufziehen. Darauf achten, dass die Blätter dicht aneinander liegen. Auf Draht aufgezogene Blätter lassen sich leicht

verbiegen und werden mit Augen aus Eicheln oder einem Kopf aus einer einzelnen Wiesenblume zu verwegenen Kriechtieren. Auch ein ganz besonders hübsches Schmuckstück lässt sich auf diese Weise von kleinen Mädchen anfertigen: Lediglich auf einen Teil des Drahtes Blätter aufziehen und eventuell dazwischen noch einige bunte Blüten auffädeln. Anschließend den Draht zu einer Kette biegen – fertig ist der Hals- oder Kopfschmuck.

- Baumrinden, Laub, Laubhaufen mit der Lupe untersuchen. Vor allem in Laubhaufen findet sich viel interessantes Kleingetier: Asseln, Rindenläuse, Fliegenlarven, Käfer, Weberknechte, Spinnen, Ameisen ...

- Aus einfachen Papptellern und bunten Blättern lassen sich schnell lustige Monstermasken basteln: Auf einen Pappteller Augen-, Nase- und Mundöffnung zeichnen und mit einer Schere ausschneiden. Anschließend den Pappteller nach Lust und Laune mit bunten Blättern bekleben. Der Teller kann vorher auch noch angemalt werden. Am seitlichen Rand rechts und links je ein Loch bohren und ein Gummiband, Wollfäden oder ein Textilband anknoten.

- Aus größeren und kleineren Hagebutten sowie ein paar Streichhölzern oder hölzernen Zahnstochern lassen sich hübsche rote Männchen basteln: Kleine Früchte als Kopf, große als Körper nehmen, mit einem Hölzchen zusammenstekken. Als Arme und Beine ebenfalls Hölzchen verwenden. Das Männchen kann man mit den Beinen in ein „Fundament“ aus Knete stecken. Dann fällt es nicht um.

- Eine kleine Eichel, die noch in ihrem Becher steckt kann man mit einem Hölzchen so zusammenstecken, dass der Eichelbecher wie ein Hut nach oben steht. Auf die kleine Eichel ein Gesicht gemalt und fertig ist ein lustiges Männchen.

- Halbe Schalen von Walnüssen geben wunderbare Minipüppchen-Betten ab. Ein Blüten- oder anderes Blatt dient als Matratze (es geht auch ein Stückchen Papier, Papiertaschentuch oder Watte). Darauf wird das Minipüppchen – ein kleine Eichel mit aufgemaltem Gesicht oder ein Hagebuttenkind gelegt. Das Püppchen kann auch wie in einer Wiege liebevoll geschaukelt werden.

Lustige Tischkartenhalter aus Kastanien

Wenn Ihr Kind im Herbst Geburtstag hat, können Sie mit ihm gemeinsam aus Kastanien einfache Tischkartenhalter basteln. Aus Kastanien, halbierten Eicheln und Zahnstochern ein Männchen zusammensetzen; eventuell aus etwas Moos oder dicken Grashalmen Arme anbringen. Eine Tischkarte an einem gekürzten Schaschlikspieß befestigen und den Spieß an das Kastanienmännchen kleben.

Aus kleinen und größeren Zapfen, Blättern und Streichhölzern oder Zahnstochern lassen sich prima Tiere basteln. Beispielsweise eine dicke Raupe, die es sich unter einem Blätterdach bequem macht.

● **Blatt-Bordüren:** Gerade im Herbst macht es besonderen Spaß, schöne bunte Blätter zu sammeln. Lassen Sie Ihr Kind damit schöne Bilder kreieren, zum Beispiel, indem es die Blätter in Fingerfarben taucht und dann aufs Papier drückt. Oder indem es einzelne kleine Blätter auf verschieden farbigen Stempelkissen bunt einfärbt. Daraus werden hübsche Stempel – etwa für Briefpapier. Stellen Sie Stofffarben zur Verfügung, kann Ihr Kind mit seinen Blattstempeln ein unifarbenes Tischtuch mit einem Muster oder einer hübschen Blattbordüre versehen.

Mit einer lustigen Schweinchenfamilie oder einem Rudel dicker Möpse aus Zapfen lässt sich wunderbar spielen. Wer mag, kann einen ganzen Zoo zusammenstellen inklusive Zapfenmännchen als Tierpfleger und Tierhäuser aus Blättern.

● **Aus einer Walnussschale wird auch ein Segelboot:** Ein kleines Kügelchen Knete in die Schale drücken. Für das Segel ein Stückchen dünnes Papier mit einem hölzernen Zahnstocher durchbohren und diesen am unteren Ende in das Knete-Kügelchen stecken. Jetzt müsste das Boot in einer Waschschüssel oder im Planschbecken schwimmen. Mit genügend Walnussschalen lässt sich eine ganze Flotte anfertigen. Die Segel kann das Kind bunt bemalen oder Seeräuberzeichen darauf pinseln. Und schon hat man ein tolles Spiel.

● **Aus Maisblättern oder etwas Stroh lässt sich eine Ente zaubern:** Ein Blatt oder Strohbüschel in der Mitte knicken. Oben in den Knick ein weiteres geknicktes Blatt schieben und mit einem Faden zusammenbinden. Die Blattenden ein wenig umknicken und fest binden – das sind die Watschelfüsse. Am Ende als Körper ein Blatt um die Mitte schlingen und ebenfalls fest binden.

A, a, a, der Winter, der ist da …

Naturgemäß ist im Winter weniger los im Garten als sonst im Jahr. Dennoch gibt es für Kinder einiges zu entdecken, was ihre geistige Entwicklung fördert. So sehen Bäume und Sträucher ohne Blätter ganz anders aus. Tipp: Lassen Sie Ihr Kind die kahlen Bäume zeichnen.

Auch die Geräusche sind anders. Manches ist lauter, weil es vom Laub nicht mehr gedämpft wird – etwa Geräusche aus der Nachbarschaft. Manches ist leiser – es ist beispielsweise kaum noch Vogelgezwitscher zu hören. Zumindest aber ist die Vogelwelt ganz anders, denn jetzt sind Vögel aus dem Norden da und die sommerlichen Sänger haben sich in Richtung Süden verzogen. Liegt Schnee, wirkt das Licht im Garten verändert und die Geräusche sind gedämpft. Man kann auch Spuren im Schnee entdecken – von Vögeln und anderen Tieren (etwa Katzen).

● **Ein tolles Spiel, sobald der erste Schnee liegt:** einen Schneemann bauen oder – besser noch – gleich eine ganze Familie aus Schnee.

● **Das Alter eines Baumes bestimmen:** Musste ein Baum gefällt werden, kann das Kind die Jahresringe an der Schnittfläche zählen und damit das Alter des Baumes bestimmen. Ein heller und ein dunkler Ring zusammen zählen ein Jahr.

● **Leuchtende Laternen:** Zur kalten, dunklen Jahrszeit gehören Laternen. So werden sie gebastelt: Von einer Pappkäseschachtel den Deckel nehmen und ausschneiden, so dass nur noch der Rand steht. Das wird der obere Rand der Laterne. Der Boden der Käseschachtel wird der Boden der Laterne. Zwischen Boden und oberen Rand kommt Laternenpapier aus dem Schreibwarenladen. Es wird zuerst am Boden fest-

geklebt, dann am oberen Rand. Zum Schluss einen Drahtbügel am oberen Rand befestigen und ein Teelicht auf den Boden stellen. Getragen wird die Laterne an einem Stock mit Nagel. In vielen Kindergärten basteln auch die Erzieherinnen die Laternen für die Martinsumzüge mit den Kindern. Beim Umzug wird dann ein Laternenlied gesungen:

Seht unsere Laterne,
sie leuchtet nah und ferne
und strahlt mit hellem Schein
weit in die Welt hinein.

oder:

Laterne, Laterne,
Sonne, Mond und Sterne.
Brenne auf, mein Licht,
brenne auf, mein Licht.
Nur meine liebe Laterne nicht.

oder:

Warm angezogen und dick vermummt lässt es sich auch im Winter draußen ganz herrlich toben. Und sobald der erste Schnee gefallen ist, steht einer schnellen Rodelpartie auf dem nächsten Hang nichts mehr im Wege.

Ich zieh' mit meiner Laterne
und meine Laterne mit mir.
Da oben leuchten die Sterne,
da unten leuchten wir.
Wie schön das klingt,
wenn jeder singt.
Rabimmel, rabammel, rabumm.
Wie schön das klingt,
wenn jeder singt,
rabimmel, rabammel, rabumm.

● **Spurensucher:** Beim Winterspaziergang macht es nicht nur Spaß, nach fremden Spuren zu suchen. Eltern und Kind können auch selbst welche hinterlassen. Zum Beispiel mit den Schuhe bestimmte Muster oder Worte in den Schnee treten. Oder einen Stock suchen und damit „Nachrichten" im Schnee hinterlassen. Oder nur auf den Zehenspitzen oder Absätzen gehen – was bleiben dann für Spuren übrig?

● **Schneeballschlacht:** Erst baut sich jeder sein „Fort", indem er ein kleines Schneemäuerchen aufhäuft. Dahinter versteckt er seine Schneekanonenkugeln. Auf „los", geht es los. Und alle werfen ihre Schnellbälle auf die anderen – wild durcheinander.
Wichtige Regel: Die Schneebälle dürfen nicht hart sein, damit es nicht weh tut, wenn man sie an den Kopf bekommt. Und: Wenn einer (vor allem eines der Kinder) ruft: „aufhören", müssen die anderen das respektieren. Gerade kleinere Kinder haben oft schnell wieder genug, vom wilden Schneeballspiel.

Gartenspiele

● **Planschspaß (ab einem Jahr):** Geben Sie Ihrem Kind verschieden große Becher, Flaschen, Teller (bitte alles unzerbrechlich) mit ins Planschbecken, mit denen es messen und schütten kann. Auch ein Kescher zum „Fischen“ macht schon den ganz Kleinen Spaß.

● **Storchenspiel (ab zwei Jahren):** Ziehen Sie mit Kreide einen Strich auf der Terrasse (er darf ruhig Kurven haben). Darauf kann Ihr Kind im „Storchengang“ (bei jedem Schritt wird ein Bein ganz hoch gezogen) balancieren.

● **Balance-Parcours (ab zwei Jahren):** Kleine bunte Stoffstücke auslegen, auf denen Ihr Kind Schritt für Schritt über die Terrasse oder den Rasen „schreiten“ muss. Später können Sie die Barrieren immer höher machen: kleine Kissen, umgedrehte, größere Blumentöpfe, umgedrehte Plastik- oder Holzkisten.

● **Suchspiel (ab zwei Jahren):** Verstecken Sie im Garten Spielzeug oder andere Gegenstände aus dem Alltag, die das Kind suchen muss. An besonderen Tagen, wie Geburtstag oder wenn das Kind sich eine besondere Belohnung verdient hat, dürfen auch Überraschungen (neues Spielzeug) oder Süßigkeiten versteckt werden. Es geht dabei zum einen um die Spannung, die Kinder sehr toll finden, zum anderen um die Kreativität des Findens.
Das Spiel kann erweitert werden, etwa für den Kindergeburtstag: Malen Sie entweder die Dinge, die gefunden werden sollen, auf kleine Zettel, oder malen Sie den Ort, wo sie versteckt sind. Mögen oder können Sie nicht malen: Auch ein Foto mit einer Sofortbildkamera gibt den entscheidenden Hinweis.

● **Pflasterspiele:** Weisen Sie Ihrem Kind eine Ecke auf der Terrasse zu, wo es mit Pflasterkreiden zeichnen darf.

● **Sommerlicher Wasserspaß:** Mit einem Schwamm muss Ihr Kind aus einem Eimer Wasser „auftanken“, dann zum anderen Ende der

Im Planschbecken: Sicherheit geht vor

Im Sommer ist es für Kinder das größte Vergnügen, im Wasser zu planschen. Stundenlang können Sie im Planschbecken sitzen und sich mit Gießkanne, Eimer und Spielzeug beschäftigen. Doch auch wenn der aufblasbare „Swimmingpool“ noch so klein und mit noch so wenig Wasser gefüllt ist, sollten Sie darauf achten, dass Ihr Kind nicht unbeaufsichtigt ist. Dies gilt umso mehr, je jünger das Kind ist, denn Badeunfälle auch in niedrigem Wasser sind schnell geschehen.

Eierlaufen ist ein beliebtes Gruppenspiel, besonders für Geburtstage. Es fördert den Gleichgewichtssinn, die Motorik und die Konzentration.

Terrasse, des Rasens oder Gartens laufen und dort den Schwamm in einen leeren Behälter ausdrücken. Mal sehen, wie viel Wasser es bei fünf oder zehn Läufen transportiert.
Sind mehrere Kinder da, lässt sich daraus ein Wettspiel machen. Derjenige, der das meiste Wasser in seinem vorher leeren Gefäß gesammelt hat, ist Sieger.

● **Winterspaß:** Bauen Sie mit Ihrem Kind einen Schneemann. Als Hut bekommt er einen umgedrehten Eimer. Darauf legen Sie einen relativ leichten Gegenstand. Mit Schnee- oder alten Tennisbällen soll dieser nun vom Hut geworfen werden. Das macht schon Zweijährigen Spaß und fördert die Geschicklichkeit und die Körperbeherrschung.

● **Fangen:** Einer läuft weg, der andere muss ihn fangen. Das finden schon Krabbelbabys enorm lustig. Die Freude an diesem Spiel bleibt fast bis ins Erwachsenenalter erhalten. Eine schöne Variante für Zwei- bis Sechsjährige: Jeder steckt sich bunte Bänder oder ein Stück buntes Krepppapier in den Hosen- oder Rockbund oder in die Hosentasche, sodass noch ein Stück „herausflattert“. Dann versucht jeder, dem anderen sein Band abzujagen. Gewonnen hat derjenige, der am Schluss seines noch hat.

● **Eierlaufen:** Es müssen nicht unbedingt rohe Eier sein, die die Kinder auf ihren Kochlöffeln transportieren müssen. Man kann auch Murmeln, Tischtennisbälle oder andere unzerbrechliche Kleinigkeiten nehmen. Beim Spiel stehen alle Kinder in einer Reihe. jedes hat einen Kochlöffel auf dessen Löffel das „Ei“ liegt. Auf „los“ müssen alle zu einem vorher vereinbarten Punkt laufen, ohne das „Ei“ zu verlieren. Wer es am schnellsten geschafft hat, ist Sieger.
Das ist ein tolles Spiel für den Kindergeburtstag. Den Sieger kann man mit einem kleinen Geschenk belohnen, sollte aber, je kleiner die Kinder sind, Trostpreise für die anderen Teilnehmer bereit halten.

● **Maskerade:** Kinder lieben es, sich zu verkleiden und in andere Rollen zu schlüpfen. Stellen Sie ein Kiste mit abgelegter Erwachsenen-Kleidung, T-Shirts, Schals, Hüte, Tücher auf die Terrasse. Jedes Kind kann sich etwas aussuchen und sich maskieren. Sind alle fertig, soll jedes Kind sagen, wen es darstellt, und es soll eine Geschichte über diese Person erzählen. Die Kinder können auch (etwa ab vier) ein kleines Theaterstück zusammen aufführen.

● **Ringelreihen:** Alle Kinder nehmen sich an den Händen und tanzen im Kreis herum – einmal nach rechts und dann nach links. Dazu wird gesungen: Ringel, ringel Reihen, Kinder sind wir dreien (bzw. die Anzahl, die tatsächlich dabei ist), tanzen um den Hollerbusch, machen alle husch, husch, husch.
Bei „husch, husch, husch" bleiben die Kinder stehen und springen hoch oder gehen in die Hocke.

● **Zielwerfen:** Ein bunter Pappteller wird auf die Wiese gestellt. Jedes Kind bekommt ein paar Murmeln oder kleine Hohlkugeln oder ein paar Kieselsteine. Dann stellt sich das kleinste Kind an den Pappteller und macht zwei riesengroße Schritte davon weg. Dort ist die Wurflinie. Alle Kinder stellen sich hier auf und eines nach dem anderen wirft ein Wurfgeschoss nach dem anderen auf den Teller. Wer die meisten Teile darauf platziert hat, ist Sieger.

● **Kreishüpfen:** Eine Schnur wird zum Kreis auf die Wiese gelegt. Nun springen die Kinder in diesen Kreis hinein und wieder heraus. Die größeren (ab etwa vier Jahren) versuchen es auf einem Bein, die kleineren mit beiden Beinen. Der Absprungort wird immer weiter von der Schnur entfernt. Welche Distanz wird noch bewältigt? Achten Sie darauf, dass es im Eifer des Spiels keine bösen Zusammenstöße gibt.

Jahrmarkt im Garten: Dosenspiel

Stellen Sie zwei oder mehrere leere Konservendosen auf eine Mauer oder einen Tisch. Jeder (auch die Erwachsenen) bekommt einen kleinen Ball (zum Beispiel einen Tennisball) und darf nach den Dosen werfen. Wer die meisten umgeworfen oder von der Mauer gefegt hat, hat gewonnen. Alternativ können die Dosen auch unterschiedliche Punkte zählen, die roten beispielsweise 5 Punkte, die blauen 4 Punkte usw. Kinder können sich mit diesem Spiel meist sehr lange beschäftigen.

Egal ob mit Bällen, Kugeln oder Tannenzapfen: Wurfspiele machen Kindern Spaß, sind geeignet, um sich allein oder eine ganze Gruppe von Kindern zu beschäftigen, und fördern auf spielerische Weise die Geschicklichkeit und Motorik.

● **Ich sehe was, was du nicht siehst:** Für dieses Spiel, bietet sich der Garten geradezu an. Die Kinder sitzen nebeneinander im Gras oder auf der Terrasse. Eines fängt an, sucht sich etwas im Garten aus – eine Blume, ein Blatt, einen Vogel auf dem Ast, eine Biene, einen Käfer, eine Zaunlatte, Spielzeug, das herumliegt – die anderen müssen raten. Wer es erraten hat, ist als nächster dran.

● **Kaiser wie viele Schritte darf ich gehen?** Ein Klassiker unter den Gartenspielen. Der erste Kaiser wird durch Abzählen ermittelt. Er steht am Zaun oder an der Hauswand. Die übrigen Kinder alle in einer Reihe, mindestens 20 Schritte weit entfernt. Nun sagt jedes Kind der Reihe nach: „Kaiser, wie viele Schritte darf ich gehen?" Ziel ist es, so schnell wie möglich auf gleiche Höhe mit dem Kaiser zu kommen. Denn wer als erster bei ihm ist und an die Wand (den Zaun) klopft, wird neuer Kaiser. Doch so einfach ist das nicht. Denn der Kaiser kann auf die Frage beliebig antworten: Einen Hüpfer, zum Beispiel, oder zwei Schritte oder einen Schritt rückwärts. Um es noch schwieriger zu machen, muss jedes Kind nach der Antwort des Kaisers noch einmal fragen: „Darf ich?" Da kann der Kaiser auch nein sagen.
Es kommt also darauf an, die Schritte, Hopser, Hüpfer möglichst so riesig auszuführen, dass man möglichst weit kommt.

● **Schatten fangen:** Ein echtes Sonnenspiel für den Nachmittag, wenn die Schatten länger werden. Ein Kind läuft herum, der oder die anderen müssen versuchen, auf seinen Schatten zu treten. Wurde der Schatten getroffen, scheidet das Kind aus. Dieses Spiel ist ein echter Knüller für Geburtstage, das mehrere Runden lang Spaß macht. Halten Sie eine kleine Belohnung für die Sieger bereit!

● **Stockfangen:** Die Kinder laufen herum und fangen sich gegenseitig. Durch Antippen ist jeweils ein Kind gefangen und scheidet aus. Doch das muss nicht so schnell gehen.
Gerät ein Kind nämlich in Gefahr, kann es einfach stehen bleiben und „Stock“ rufen. Dann darf es nicht abgeschlagen werden. Es darf sich allerdings auch nicht weiter bewegen, sondern muss völlig bewegungslos dastehen, bis es ein anderes Kind durch Antippen befreit hat. Dann darf es wieder weg laufen, kann aber auch wieder gefangen werden.

● **Plumpsack:** Alle Kinder stehen im Kreis. Eines hat den Plumpsack – ein zusammengeknotetes Taschentuch – und geht außen um den Kreis herum. Er lässt hinter einem Kind unauffällig den Plumpsack fallen und geht weiter. Dabei singt es (oder alle):

Dreht euch nicht um,
der Plumpsack geht um.
Er geht um den Kreis,
dass niemand es weiß.
Und wer ihn will haben,
muss Ärger ertragen.

Bemerkt das Kind aus dem Kreis den Plumpsack, hebt es ihn auf, läuft schnell hinter dem anderen her und tippt ihm damit auf den Rücken. Das muss passieren, ehe das andere Kind einmal herum ist und sich in die Lücke gestellt hat. Schafft es das Kind, darf es als nächstes den Plumpsack fallen lassen.

● **Katz und Maus:** Die Kinder stellen sich im Kreis auf und fassen sich an den Händen. Ein Kind wird als Katze und ein anderes als Maus ausgelost. Die Katze versucht nun, die Maus zu fangen, wobei diese nicht nur um, sondern auch durch den Kreis laufen darf. Die anderen Kinder helfen der Maus, indem sie die Arme heben, um sie durchzulassen. Gleichzeitig versuchen sie, die Katze zu behindern, indem sie die Arme senken.

Der Herbst ist genau die richtige Jahreszeit, um Drachen steigen zu lassen. Natürlich müssen Mutter oder Vater noch ein bisschen helfen, bis der Drachen hoch in den Himmel fliegt.
Achten Sie darauf, dass keine Strommasten und -leitungen in der Umgebung sind.

Schneeballschlacht mal anders: Markieren Sie eine quadratische Fläche und an jeder Ecke eine Ruheinsel. Die Kinder werden in Werfer und Läufer eingeteilt. Erstere stellen sich an den Rand des Spielfelds, letztere in die Eckflächen. Auf Kommando rennen die Läufer los. Die Werfer müssen nun versuchen, den Läufer auf der gegenüberliegenden Seite mit einem Schneeball zu treffen. Sieger ist, wer die meisten Abschnitte durchläuft, ohne getroffen zu werden.

● **Abzählreime:** Damit kein Streit aufkommt, wer bei einem Gruppenspiel eine bestimmte Aufgabe erfüllen darf, bietet es sich an, mit einem Abzählreim ein Kind auszuwählen. Hier einige beliebte Abzählreime, die Ihnen sicherlich noch aus Ihrer Kindheit bekannt sind:

Eins, zwei, drei, vier, fünf,
sechs, sieben, acht,
Kasper hat so laut gelacht,
dass im Haus der Balken kracht.
Das Haus fällt ein,
und du musst es sein!

Eins, zwei, drei, vier, fünf,
sechs, sieben,
eine alte Frau kocht Rüben,
eine alte Frau kocht Speck,
und du bist weg.

Ilse Bilse
niemand will se,
kam der Koch,
nahm se doch.

Ene mene miste
es rappelt in der Kiste,
ene mene meck
und du bist weg.

Gärtnern auf dem Balkon

Haben Sie keinen Garten, kann Ihr Kind auch auf dem Balkon die Jahreszeiten mitbekommen und die Faszination von Säen und Pflanzen, Wachsen und Ernten erleben.
Ganz wichtig! Stellen Sie nichts auf den Balkon, worauf Ihr Kind steigen könnte, also keine Schemel, Tritthocker oder Stühle – zumindest nicht, solange Ihr Kind allein auf dem Balkon ist. Sonst besteht die Gefahr, dass es über die Brüstung klettert und hinunterfällt.

● **Pflanzenbeet (ab etwa zwei Jahren):** Will Ihr Kind selbst pflanzen, können Sie auf dem Balkon ein „Beet" anlegen. Besorgen Sie vom Obsthändler oder aus dem Supermarkt eine niedrige Obstkiste, in die die „Pflanzgefäße" wie Joghurtbecher, Marmeladengläser, Eierkartons, Blumentöpfe kommen.
Eine Schale mit Wasser zieht Insekten an, die für die Pflanzen wichtig und für Ihr Kind interessant sind. Vielleicht kommt sogar manchmal ein Vogel, um von dem Wasser oder von den Insekten zu naschen.
Besonders schön für Ihr Kind ist es natürlich, wenn etwas wächst, was am Ende auch Früchte trägt, die man essen kann, zum Beispiel kleine Tomaten oder Beerensträucher.

● **Pflanzen selber ziehen:** Im dritten Lebensjahr haben Kinder großen Spaß und großes Interesse am Pflanzenziehen. Versuchen Sie es einmal damit:
Legen Sie Orangen- und/oder Zitronenkerne einen Tag in warmes Wasser, damit sie etwas aufquellen können. Dann nehmen Sie einen kleinen Blumentopf, geben Erde hinein, drükken eine kleine Kuhle in die Erde und legen die Kerne hinein. Etwas Erde darüber geben, gießen und eine Plastiktüte darüber stülpen. Nach drei bis vier Tagen sollten sich die ersten Keimlinge zeigen. Jetzt können Sie die Plastiktüte entfernen, den Topf auf die Fensterbank oder auf den Balkon stellen und regelmäßig gießen. Haben Sie mehrere Kerne eingepflanzt und sind diese alle gesprossen, müssen Sie sie nach ein paar Tagen trennen und einzeln in Töpfe einpflanzen.
Ihr Kind wird bestimmt große Freude daran haben, „seinen" Baum wachsen zu sehen.
Was Kinder auch fasziniert, weil es schnell geht: Mehrjährige Frühlingsblumen aus Blumenzwiebeln, zum Beispiel Tulpen, Narzissen oder Osterglocken. Sie eignen sich prima für das Obstkisten-Beet auf dem Balkon oder können in Töpfe gepflanzt werden.
Auch das lässt sich prima auf dem Balkon anpflanzen: Kräuter (Dill, Schnittlauch, Petersilie etc.), Senf, Bohnen, Zwiebeln, Kresse, Tomaten. Tomaten brauchen allerdings viel Sonne und sind erst für größere Kinder geeignet, denn ihre grünen Teile sind giftig!
Wenn genug Platz auf dem Balkon ist, kann man zusammen mit dem Kind

Schicke Minivase für kleine Blümchen

Für die Fensterbank, den Tisch im Kinderzimmer oder als Geschenk für die Großmutter eignet sich eine Minivase aus Eierschale: Ein Ei aufklopfen, sodass der Großteil der Eierschale unversehrt bleibt. Anschließend kann sie nach Lust und Laune vorsichtig bemalt werden. Ein Überzug aus Klarlack macht die Farbe haltbar. Damit das Ei stehen bleibt, den Deckel einer Saftflasche oder einen Pappring darunter kleben. Besonders hübsch machen sich in dieser Vase Veilchen- oder Gänseblümchensträuße.

auch Kastanien- und Eichenbäumchen sowie Sonnenblumen aus selbst gesammelten Kernen und Früchten ziehen.

Gesundheitsgarten auf der Fensterbank

Sogar ohne Garten und Balkon muss Ihr Kind nicht auf die Naturerfahrungen beim Pflanzen verzichten. Denn auch auf der Fensterbank kann man einiges großziehen. Dafür eignen sich Blumen, für die das Kind die Verantwortung übernimmt, ebenso wie Kräuter, die im Blumentopf wachsen. Vieles, was draußen wächst, gedeiht auch in der Wohnung.
Als Pflanzgefäße für die Minigärten auf der Fensterbank nehmen Kinder gern kleine Gläser oder Joghurtbecher. Dekorativ sind auch ausrangierte Tassen und recht praktisch Eierkartons. Da lässt sich in jedem einzelnen Eierfach ein Pflänzchen unterbringen. Werden Sie größer, kann man sie mitsamt dem Karton umtopfen.

● **Sprossen:** Absolut ideal für alle Kinder (und auch Erwachsene) sind Sprossen. Schon nach zwei bis vier Tagen kann man ernten. Gleichzeitig gehören Sprossen in die Gesundheitsküche, denn sie sind besonders reich an Vitaminen und Mineralstoffen, sehr gut verträglich und geben vielen Gerichten (Salaten, Eintöpfen, Suppen, Dips, Soßen) mit ihrem aromatischen Geschmack den besonderen Pfiff.
Geeignet für die Sprossenzucht sind Getreide wie Weizen, Roggen, Gerste, Hirse, Hafer oder Buchweizen sowie Hülsenfrüchte wie Erbsen, Kichererbsen, Linsen, Mungo- und Sojabohnen. Auch Ölsaaten wie Alfalfa, Bockshornklee, Leinsamen, Kresse, Radieschen, Rettich oder Senf sind sehr beliebt.

So geht's:

• Besorgen Sie Saatgut aus dem Naturkostladen oder Reformhaus, damit es chemisch unbehandelt und möglichst schadstoffarm ist. Dort gibt es in der Regel auch spezielle Sprossengefäße bzw. Keimboxen.

• Kleine Samen wie Alfalfa oder Kresse müssen vier bis sechs Stunden eingeweicht werden, größere wie Getreide oder Hülsenfrüchten sollten über Nacht einweichen.

• Anschließend wird das Saatgut unter fließendem Wasser gespült, abgetropft und in die Keimbox gelegt. Man kann es auch in ein Glas legen, über das mit einem Einmachgummi ein Stück Gaze oder Mull gespannt wird. Das Gefäß sollte den ersten Tag bei Zimmertemperatur – etwa 20 bis 21 Grad – im Dunkeln stehen, jedoch nicht auf der Heizung.

• Am zweiten Tag braucht das Saatgut Licht, aber keine direkte Sonnenbestrahlung.

• Die Keimlinge zweimal täglich mit lauwarmem Wasser abspülen und gut abtropfen lassen (aber nicht vollständig austrocknen), ehe sie wieder auf ihren Platz gestellt werden. Das ist wichtig, um (sehr ungesunde) Schimmelbildung zu vermeiden. Überhaupt sollte bei der Sprossenzucht peinlichste Sauberkeit walten, damit sich keine Krankheitserreger mitentwickeln können. Lassen Sie Ihr Kind also jedes Mal die Hände mit Seife waschen, ehe es seine „Arbeit" mit den Sprossen beginnt.

Übrigens: Einige Samen (beispielsweise Kresse) entwickeln beim Sprossen feine Haarwurzeln. Das ist nicht schädlich und sollte nicht mit Schimmel verwechselt werden.

• Nach zwei bis vier Tagen können die Sprossen von Getreide und Hülsenfrüchten geerntet werden. Öl- und andere Saaten brauchen vier bis sechs Tage.

Sprossen sollten immer frisch verzehrt und bei warmen Gerichten erst ganz zum Schluss darüber gestreut oder untergemischt werden. Sonst verlieren sie ihre wertvollen Inhaltsstoffe. Gut verschlossen kann man die fertigen Sprossen zwei Tage im Kühlschrank aufbewahren.

Achtung! Probieren Sie die Sprossen erst selbst, ehe sich Ihr Kind daran macht. Manche können ganz schön scharf schmecken. Die sollte Ihr Kind dann gar nicht essen.

● Hyazinthen-Zwiebeln werden z.B. in eine abgeschnittene Mineralwasserflasche aus Plastik „gehängt". Wasser bis zum unteren Rand der Zwiebel einfüllen. Oben drüber aus Papier oder Pappe einen spitzen Zwergenhut stülpen. Erst dunkel stellen. Ist unter dem Hut ein fünf bis sechs Zentimeter hoher „Schopf" zu sehen, kann der Zwerg auf die Fensterbank. Seinen Hut darf er aber erst ablegen, wenn sein Schopf rund 12 cm hoch ist.

● Pfefferminze oder Zitronenmelisse wachsen auch im Blumentopf ohne Probleme und meist recht üppig. Was für Kinder ganz besonders schön ist: Wenn sie aus den Blättern einen frisch gebrühten Tee machen können. Einfach einen Zweig abschneiden, mit heißem Wasser überbrühen und 15 Minuten ziehen lassen. Abkühlen lassen und mit Honig süßen. Lecker!

Durch ihren Duft und ihr Aussehen üben Blüten eine „magische" Anziehungskraft auf Kinder aus. Schenken Sie Ihrem schon etwas größeren Kind eine blühende Pflanze, um die es sich selbstständig kümmern kann.

Auto waschen

Grundsätzlich machen kleine Kinder die Arbeit am liebsten, die auch die Erwachsenen tun und mit denen sie etwas Wichtiges für die Familie leisten. Für die allermeisten Kinder gehört es zu den Arbeitshöhepunkten, wenn sie beim Autowaschen helfen dürfen (ab etwa drei Jahren möglich).

Am schönsten ist es natürlich, wenn sie dafür einen Eimer Wasser, schäumendes Putzmittel und einen weichen Schwamm bekommen, mit dem sie sich an den großen Autoflächen austoben können. Das geht daheim vor der Garage oder auf extra dafür ausgewiesenen Autowaschplätzen oder bei Autowaschanlagen mit Selbstbedienung. Darf Ihr Kind am Ende das Auto noch mit einem Wasserschlauch abspritzen, ist es zwar sicher durchnässt aber tief zufrieden.

Ideales Autowasch-Outfit: an heißen Tagen möglichst wenig – ein Höschen oder Badeanzug reichen. Ist es nicht ganz so warm, sind Regenmantel und Gummistiefel ideal. Nach der Arbeit sollte das Kind trotzdem getrocknet und frisch angezogen werden.

Wenn Sie Ihr Auto nicht selbst waschen, lassen Sie Ihren Nachwuchs auf jeden Fall mit durch die Waschstraße fahren. Hinterher beim Aussaugen, beim Putzen der Fenster und Armaturen und beim Entsorgen des Mülls helfen Sohn oder Tochter natürlich auch sehr gerne mit.

Durchblick im Straßenverkehr

Üben, üben, üben und immer wieder das Gleiche tun – nirgendwo sonst ist das für Kinder so überlebensnotwendig wie im Straßenverkehr. Je früher Sie damit beginnen, umso besser. Mit dem optimalen Sicherheitstraining im Straßenverkehr schützen Sie Ihr Kind übrigens nicht nur vor Unfällen. Sie fördern es auch ganz spielerisch, denn es trainiert dabei viele Fähigkeiten, die es auch in anderen Lebensbereichen gut gebrauchen kann: Geschwindigkeiten und Entfernungen abschätzen, Richtungshören, Rechts-Links-Unterscheidung, mehrere Dinge gleichzeitig wahrnehmen und tun. Bis es dies alles sicher beherrscht, vergehen aber mindestens zehn Jahre. Das heißt: Kinder unter zehn Jahren brauchen im Straßenverkehr immer die Hilfe und den besonderen Schutz der Erwachsenen – und Ihr gutes Vorbild. Leider ist davon auf unseren Straßen oft wenig zu sehen.

Unterwegs mit dem Baby

Sobald Sie sich mit dem Kinderwagen durch den Straßenverkehr bewegen, sollten Sie alle schlechten Angewohnheiten ablegen. Also: Nur noch bei Grün über die Kreuzung. Den Zebrastreifen oder die Ampel benutzen, auch wenn dafür ein Umweg von ein paar Metern nötig ist. Immer an der Bordsteinkante stehen bleiben und nach links und rechts schauen, ehe man die Straße überquert. Im Auto grundsätzlich vor dem Losfahren anschnallen und auch das Kind sichern (wie, siehe weiter unten).
Sobald das Kind im Sportwagen oder Buggy sitzt, kann man ihm auch schon erklären, warum man jetzt stehen bleibt oder wie man richtig schauen muss. Auch wenn Ihr Kind das jetzt noch nicht versteht, so wird damit doch schon ein „Sicherheitsgrundstein“ gelegt und es bekommt vor allem kein bedenkliches Vorbild. Da Kinder alles kopieren, was ihnen die Großen vormachen, lernen sie auch die negativen Dinge recht rasch. Leider können die Kleinen die Gefahr auf der Straße überhaupt nicht abschätzen.

Ab 1 Jahr: Gutes Vorbild

Spätestens jetzt sollten Sie wirklich nichts Verbotenes mehr auf der Straße tun. Kinder lernen am schnellsten durch Nachahmung, leider auch Fehler. Zeigen Sie Ihrem Kind die roten und grünen Männchen an der Ampel und erklären Sie ihm, dass diese helfen, Fußgänger, Radler und Autofahrer sicher durch den Verkehr zu bringen – aber nur, wenn man ihnen auch wirklich gehorcht und trotzdem noch aufpasst.

Ab 2 Jahren: Verkehrstraining

Hand in Hand gehen Sie spazieren, einkaufen oder zum Arzt ... Auf dem Weg trainieren Sie: Die Bordsteinkante ist eine Grenze. Man darf erst weiter, wenn man nach beiden Seiten geschaut hat und nichts kommen sieht. Auf dem Zebrastreifen (Warum heißt der so? Ein Besuch im Zoo erklärt alles!) haben zwar große und kleine Fußgänger Vorfahrt, doch gut aufpassen ist trotzdem wichtig. Denn leider hält nicht jedes Fahrzeug. Das rote Ampelmännchen sagt: „Du musst stehen bleiben.“ Das grüne bedeutet: „Jetzt darfst du über die Straße gehen“. Aber nicht einfach losrennen, sondern erst schauen, ob das auch alle anderen gesehen haben.

Rot heißt stehen, Grün heißt gehen

Üben Sie mit Ihrem Kind immer wieder, die Straße zu überqueren, und bringen Sie ihm sobald wie möglich die Bedeutung des roten und grünen Ampelmännchen bei. Sie können damit nicht früh genug anfangen! Trainieren können Sie auch zu Hause: Im Fachhandel gibt es Verkehrsspiele, die schon für Dreijährige geeignet sind. Damit lassen sich Situationen im Straßenverkehr nachspielen. Ihr Kind sollte alle Seiten kennen lernen – also sowohl die Rolle des Fußgängers übernehmen, als auch die des Auto- oder Radfahrers.

Ihr Kind sollte frühzeitig mit den Verkehrszeichen vertraut werden. Zum Üben können Sie die wichtigsten Zeichen auf weißen Karton malen. Damit lässt sich auch im Garten ein kleiner Parcours bestücken, auf dem trainiert werden kann.

Im Auto: Erst im Kindersitz anschnallen, dann losfahren. Im dritten Lebensjahr versuchen manche Kinder, sich vom Sicherheitssitz im Auto zu befreien. Er wird ihnen lästig. Doch die Antwort darauf kann nur Konsequenz sein, auch wenn das mal ein paar Minuten dauern kann: Solange nicht alle Mitfahrer angeschnallt sind, wird einfach nicht losgefahren. **Bedenken Sie:** Ein Aufprall mit nur 40 km/h entspricht einem Sturz aus der neunten Etage. In dieser Höhe würde niemand sein Kind aufs Geländer klettern lassen, weil es das unbedingt möchte ... Aus diesem Grund sollte man es auch auf keinen Fall unangeschnallt im Auto befördern.

Ab 3 Jahren: Rollenspiele unterwegs

Nun ist Ihr Kleines schon recht verständig. Es mag Rollenspiele, möchte gern zeigen, was es alles kann. Lassen Sie sich auf bekannten Wegen von Sohn oder Tochter führen. Das macht dem Kind großen Spaß und Sie sehen gleich, wo noch Unsicherheiten im Verkehrsverhalten vorhanden sind. Oder es spielt einen Polizisten, der Ihnen erklärt, warum man dies und das im Straßenverkehr so oder so machen muss.

Keine Frage, dass korrektes Verhalten und gutes Vorbild nach wie vor von größter Bedeutung sind.

Auch wenn Sie in großer Eile sind, sollten Sie sich an die Regeln halten – vor allem wenn Ihr Kind dabei ist.

Ab 4 Jahren: Genaue Beobachtung

Zeigen Sie Ihrem Kind einmal den Verkehr von oben, zum Beispiel von einem Fernseh- oder Kirchturm aus: Wie die Straßen verlaufen, wie sich Autos, Radfahrer, Motorradfahrer und Fußgänger bewegen, was an Kreuzungen und Ampeln so alles vor sich geht. So übt das Kind, Zusammenhänge herzustellen. Es lernt leichter, warum es so wichtig ist, sich im Straßenverkehr an Regeln zu halten. Wenn Sie Zeit haben, bleiben Sie am Straßenrand oder an einer Ampel stehen und „wetten" Sie mit Ihrem Kind, ob ein herannahendes Auto gleich bei Rot stehen bleiben muss oder ob es die Ampel noch bei Grün schafft. Auch „Hör-Spiele" – „Woher kommt das Motorrad?" „Ist das Auto weit weg oder ganz nah?" – machen Kinder jetzt gerne mit. Mit solchen Spielen schulen Sie die Fähigkeit Geschwindigkeiten abzuschätzen und Richtungshören. Sie lenken aber auch das Interesse des Kindes stärker auf den Straßenverkehr – die Gefahr, dass es sich von anderem ablenken lässt und weniger aufpasst, wird geringer.

Ab 5 Jahren: Selbstständigkeit fördern

Im sechsten Lebensjahr kann man ein Kind, das bisher gut im Straßenverkehr trainiert wurde, auch schon mal allein losschicken. Anfangs sollte es die Straße nicht überqueren müssen. Ist also auf der eigenen Straßenseite ein Bäcker, kann es dort schon Brötchen holen. Auch ein Freund, der auf der gleichen Straßenseite in der Nähe wohnt, kann besucht werden. Das fördert neben den praktischen Fähigkeiten das Selbstbewusstsein und die Selbstständigkeit. Zum Schulbeginn hin darf das Kind dann auch eine Überquerung der Straße allein bewältigen. Allerdings nur an einer Stelle mit Zebrastreifen oder Ampel. Denn nicht vergessen: Unter zehn Jahren können auch gut trainierte Kinder Geschwindigkeiten und Entfernungen anderer Verkehrsteilnehmer nicht richtig abschätzen.
In den ersten Schulwochen sollte das Kind noch gebracht und abgeholt werden – außer der Schulweg ist extrem kurz.

Im Auto gelten besondere Regeln

Bis zu ihrem 12. Geburtstag müssen Kinder im Auto besonders gesichert werden. Das ist gesetzlich vorgeschrieben. Die Bundeszentrale für gesundheitliche Aufklärung rät:

• Ein Kindersitz sollte der DIN-Norm 4849 oder der europäischen Norm ECE 44 entsprechen. Beim Kauf darauf achten.

Langeweile im Auto muss nicht sein

Lange Autofahrten können zur Tortur für Eltern und Kinder werden. Das muss nicht sein, wenn Sie einige Vorkehrungen treffen: Legen Sie regelmäßig längere Pausen ein (alle zwei Stunden), damit Ihre Kinder herumtoben können. Außerdem sollten Sie geeignetes Spielzeug dabei haben, mit dem sich die Kinder beschäftigen können – vor allem das Lieblingsstofftier oder die Kuscheldecke dürfen nicht fehlen. Denken Sie auch an Musik oder Hörspiele, die Ihre Kleinen gerne hören, und sorgen Sie für ausreichend Proviant.

Der Straßenverkehr birgt für ein Kind viele Gefahren. Daher sollten Sie frühzeitig mit der Verkehrserziehung beginnen und immer wieder das Verhalten Ihres Kindes beobachten – auch wenn es schon in die Schule geht.

- Kindersicherung in der Autotür einschalten, damit die Tür nicht von innen zu öffnen ist.
- Das Kind auf der Gehwegseite der Straße ein- und aussteigen lassen.
- Keine Gegenstände auf der Hutablage lagern – beim scharfen Bremsen können sie zu gefährlichen Geschossen werden.
- Für längere Fahrten geeignetes (nichts Spitzes oder Scharfkantiges) Spielzeug mitnehmen.
- Kinder nie allein im Auto lassen.

Mit Kindercar und Rad unterwegs

Sobald Ihr Kind zu laufen anfängt, macht ihm auch die rasche Fortbewegung mit einem Gefährt großen Spaß. Die Freude am fahrbaren Untersatz hält bei den meisten Menschen ein Leben lang – die Fahrzeuge wachsen sozusagen mit.
Für die ganz Kleinen eignet sich am besten ein Rutschauto (zum Beispiel Bobbycar), auf dem sie sicher sitzen und sich mit den Füßen vorwärts bewegen. Für viele Kinder bleibt das Rutschauto lange Zeit der Favorit und sie entwickeln damit eine unglaubliche Geschicklichkeit bei der Fortbewegung.
Zwischen drei und vier Jahren können die Kleinen dann auf ein Zweirad umsteigen. Ideal für den Anfang sind Räder ohne Pedale, bei denen die Fortbewegung wie beim Rutschauto mit den eigenen Füßen vor sich geht. Die großen Vorteile: Das Kind lernt gleich, den Körper richtig auszubalancieren. Weil es die Füße stets auf dem Boden hat, kann es auch die Geschwindigkeit gut dosieren und rechtzeitig bremsen. Es ist eine große Koordinationsleistung und Gleichgewichtsleistung, sicher auf einem Zweirad zu fahren.
Ab etwa viereinhalb Jahren kann ein so „vortrainiertes" Kind dann meist recht leicht mit einem richtigen

Kinderfahrrad das Fahren lernen. Stützräder sind dann nicht mehr erforderlich. Sie werden von Entwicklungsexperten ohnehin nicht empfohlen, denn das ausbalancierte Fahren mit einem Zweirad lernt ein Kind besser ohne Stützen.

Dieses Alter ist übrigens ideal zum Lernen von Sportarten, bei denen es auf optimal Balance ankommt: Schlittschuh- oder Rollschuhlaufen, Inline-Skating und eben auch Rad fahren. Jetzt fällt das Lernen am leichtesten, Geschicklichkeit, Koordination, Gleichgewicht und Motorik werden optimal gefördert.

Die gesamte Kindheit hindurch sind Fahrzeuge der große Renner. Kinder verfügen ebenso gern wie viele Erwachsene über einen größeren Fuhrpark: Fahrrad, Kettcar, Seifenkiste, Inline-Skates, Roller – toll, wenn ein Kind wählen kann.

Rasante Fortbewegungsmittel sind nicht nur im Sommer beliebt. Im Winter fahren Kinder gerne Schlitten oder Bob oder laufen Schlittschuh, falls es keine Hügel gibt.

Auch für Kinderfahrzeuge: Sicherheitscheck und Verkehrsregeln

Grundsätzlich sollten alle Kinderfahrzeuge eine TÜV-geprüft- oder GS-Sicherheitsplakette haben.

Radfahren auf dem Radweg ist gesetzliche Pflicht. Nur wenn kein Radweg vorhanden ist, darf die Straße benutzt werden –allerdings nicht von Kindern unter acht Jahren. Diese müssen dann auf den Gehweg. Denn Untersuchungen haben gezeigt, dass Kinder sogar noch älter werden müssen, ehe sie einigermaßen in der Lage sind, sich per Fahrrad sicher im Verkehr zu bewegen.

Am besten suchen Sie für Übungsfahrten ruhige Wege und Plätze, auf denen es weder von Fußgängern noch von anderen Verkehrsteilnehmern wimmelt: auf dem Platz vor den Garagen, in einem Hinterhof, auf einem Schulhof, wenn kein Unterricht ist, auf ruhigeren Wegen im Park.

Rücksicht nehmen im Verkehr

Bei der Verkehrserziehung sollte Ihr Kind unbedingt lernen, Rücksicht auf andere Verkehrsteilnehmer zu nehmen. Spätestens wenn es mit Kettcar, Roller, Fahrrad oder Inlineskatern unterwegs ist, wird es sich schnell fortbewegen und die Geschwindigkeit nicht immer richtig einschätzen können. Dann können leicht Situationen auftreten, in denen Ihr Kind durch sein Fahrverhalten nicht nur sich selbst, sondern auch Fußgänger gefährdet. Üben Sie daher mit ihm immer wieder den sicheren Umgang mit seinen Fahrzeugen.

Früher oder später wünscht sich jedes Kind ein eigenes Fahrrad. Achten Sie beim Kauf auf Qualität – auch wenn es etwas teurer ist, denn Sicherheit geht auf jeden Fall vor. Und berücksichtigen Sie auch die Wünsche Ihres Kindes, was das Aussehen des Rades anbelangt. Denn wenn ihm das Rad nicht gefällt, wird es auch keinen Spaß daran haben und es nicht oder nur wenig benutzen.

Kinderfahrrad-Check

(Tipps von der Bundeszentrale für gesundheitliche Aufklärung)
Darauf sollten Sie beim Kauf achten. Außerdem sollten Sie regelmäßig einmal pro Woche prüfen, ob noch alles in Ordnung und fest ist, denn bei der meist sehr rasanten Fahrweise eines temperamentvollen Kindes wird schnell mal etwas locker:

- Das Rad sollte nicht zu groß sein und eine möglichst auffällige Farbe haben.
- Ein Schutzhelm sollte selbstverständlich sein.
- Vorne Felgenbremse, hinten Rücktrittbremse.
- Klingel aus Kunststoff oder Weichplastik.
- Schutzbleche abgerundet und mit Plastikschutz versehen.
- Kettenschutz und am Hinterrad Speichenschutz.
- Lenker nur leicht gebogen und mit rutschfesten Handgriffen.
- Sattel schmal und gepolstert.

Kettcar-Check

(Tipps von der Bundeszentrale für gesundheitliche Aufklärung) Auch ein Kettcar, das nach wie vor zu den beliebtesten Fortbewegungsmitteln eines Kindes gehört, sollte gewissen Sicherheitsregeln entsprechen. Denn ein kräftiges Kind kann mit diesem Gefährt eine ziemlich hohe Geschwindigkeit erreichen.
Das sollte ein Kettcar alles haben:

- Stabile Bremse, die auf beide Hinterräder wirkt.
- Geschlossene Scheibenräder, damit das Kind die Finger nicht in die Speichen bringen kann.
- Keine Klemm- und Quetschgefahr zwischen Lenkstange und Pedalen.
- Zahnräder und Ketten müssen zuverlässig abgedeckt sein.
- Keine scharfen Ecken und Kanten am gesamten Fahrzeug.
- Breiter Radstand, damit das Fahrzeug kippsicher ist.
- Verstellbarer Sitz und hohe, gepolsterte Lehne.

Helfende Hände beim Einkaufen

Schon das Kleinkind findet Einkaufen spannend, wenn Sie es mit einbeziehen. Das heißt: Sprechen Sie mit ihm, erklären Sie, was Sie kaufen, und unterhalten Sie sich mit ihm, wenn Sie an der Kasse warten.
Etwa ab zweieinhalb Jahren können Sie Ihr Kind dann schon richtig mitmachen lassen. Das beginnt bereits zu Hause. Schreiben Sie sich Einkaufszettel und lassen Sie auch Ihr Kind Dinge „notieren“, die es kennt und die gekauft werden müssen. Milch oder Butter, Windeln, Hautcreme, Brot etc. Ihr Kind kann zwei, drei Dinge auf einen Zettel malen, den es dann mitnehmen darf.
Kaufen Sie in Fußnähe ein, können Sie den Weg zum Supermarkt dafür nutzen, Ihr Kind verkehrssicher zu machen (siehe „Der richtige Durchblick im Straßenverkehr“, S. 124 ff.).

Ab 2 Jahren: Einkaufswagen schieben

Im Laden ist es für Ihr Kind das Größte, wenn es einen eigenen Einkaufswagen schieben darf. Viele Supermärkte bieten Kinder-Einkaufswagen an. Falls nicht: Nehmen Sie einen Puppenwagen von zu Hause mit oder funktionieren Sie den Buggy als Kinder-Einkaufswagen um. Denn für den großen Wagen ist es noch zu klein und gerade im dritten Lebensjahr, wenn Kinder üben, ihren Kopf durchzusetzen, kann es sonst leicht

Einkaufen muss nicht zum Stress werden

Je früher Sie Ihr Kind zum Einkaufen mitnehmen, umso besser. Dann erlebt es, dass manchmal mehr, manchmal weniger Zeit ist, um sich die Sachen auszusuchen. Später, wenn es dann selbst am Einkauf beteiligt sein möchte, kann es sich leichter an die Notwendigkeiten anpassen. Sagen Sie Ihrem Kind am besten immer vor dem Einkauf, wenn Sie wenig Zeit haben. Dann gibt es im Laden weniger Stress.

Gewöhnen Sie Ihr Kind frühzeitig an den Umgang mit Geld: Erklären Sie ihm die Münzen und geben Sie ihm etwas Geld, mit dem es selbst einkaufen und bezahlen kann.

Stress geben. Denn was sich Ihr Kind wirklich unbedingt wünscht, ist groß sein und beim Einkaufen genauso wichtig wie die Mama oder der Papa. Haben Sie etwas Zeit und ist der Laden nicht zu voll, können Sie jetzt tolle „Förderspiele" mit Ihrem Kind machen. Lassen Sie es suchen:
Wo gibt es den Käse? Wo steht die Milch? Wo holen wir die Wurst usw.? Für größere Kinder sind auch andere Fragen interessant: Was ist in einem Fertigprodukt alles drin (die aufgedruckten Bilder anschauen)? Woher kommen die Bananen, woher die Äpfel, woher die Tomaten?
Durch solche Fragen lernt Ihr Kind viel über die Artikel des täglichen Bedarfs. Außerdem schult das Suchen und Fragen die Konzentration und Aufmerksamkeit und das Gedächtnis. Drehen Sie den Spieß auch manchmal um: Jetzt fragt Ihr Kind und Sie müssen Auskunft geben. Dabei lernt es, seine Fragen zu formulieren und kann später, wenn es alleine einkauft, sich bereits orientieren.
Schließlich müssen die Einkäufe auch nach Hause transportiert werden. Sind Sie mit dem Auto unterwegs, lassen Sie sich von Ihrem Kind helfen, etwas in den Kofferraum zu legen.
Für einen Fußweg sollte das Kleine eine eigene Tasche, am besten einen kleinen Rucksack haben, womit es „seine" Einkäufe nach Hause trägt. Schon Eineinhalbjährige schleppen stolz eine kleine Tüte mit Einkäufen in die Wohnung.
Daheim müssen die Einkäufe dann ausgepackt und aufgeräumt werden. Auch dabei helfen Kinder in aller Regel sehr gerne mit. Wenn Sie es nicht eilig haben, kombinieren Sie das Auspacken gleich mit ein paar Spielen:

- **Tasten:** Geben Sie Ihrem Kind eine Tüte und lassen Sie es von außen tasten und raten, was darin ist.

- **Riechen:** Das Kind muss mit geschlossenen Augen erschnuppern, was gekauft wurde. Das geht am besten mit Obst, Wurst oder Käse. Scharfe Gewürze oder puderförmige Substanzen (Pfeffer, Kakao) sind für dieses Spiel ungeeignet. Das Kind könnte etwas davon einatmen; dann besteht Erstickungsgefahr.

- **Erinnern:** Weißt du noch, was wir eingekauft haben? Um dem Gedächtnis auf die Sprünge zu helfen, darf es kurz einen Blick in den Einkaufskorb werfen oder, falls Sie Tüten haben, von außen nach den Artikeln tasten.

Ab 3 Jahren: Geld zählen

Etwa ab drei Jahren können Sie Ihrem Kind eine große Freude machen, wenn Sie es an der Kasse „bezahlen" lassen. Dann fühlt es sich wirklich groß und wichtig. Natürlich müssen Sie das geforderte Geld selbst aus der Börse nehmen, denn ein Dreijähriges kann mit Scheinen und Münzen noch nicht umgehen. Geben Sie es aber danach Ihrem Kind, das es der Kassiererin aushändigen kann.

Beginnen Sie damit am besten zu einer Zeit, zu der wenig los ist. Stehen viele ungeduldige Leute in der Schlange an der Kasse, kann es sonst leicht zu Unmut kommen, wenn das Bezahlen bei Ihnen länger dauert.

Erklären Sie Ihrem Kind schon vorher, dass es auch Wechselgeld herausbekommt und darauf warten muss. Das Zählen müssen Sie dann wieder übernehmen, denn das kann Ihr Kid noch nicht.

Um dies zu üben, können Sie zu Hause, vor und/oder nach dem Einkaufen, die Börse auf den Tisch leeren und gemeinsam mit Ihrem Kind das Geld zählen. Erklären Sie ihm die Münzen und die Scheine. Erwarten Sie aber nicht, dass Ihr Kleines das sofort versteht. Geld ist für Kinder sehr abstrakt. Trotzdem müssen Sie den Umgang damit lernen. Und sie wollen das auch.

Etwa ab vier Jahren können Sie Ihrem Kind eine eigene kleine Börse kaufen und zum Einkaufen etwas Geld hinein geben. Vereinbaren Sie schon vorher, was es selbst kaufen und allein bezahlen will, erklären Sie, was dies ungefähr kosten wird und geben Sie ihm in etwa so viel Geld.

Ab 5 Jahren: Allein bestellen

Gibt es in Ihrer Straße und auf Ihrer Straßenseite (damit das Kind die Straße nicht allein überqueren muss) einen Laden, den Ihr Kind kennt, kann es jetzt schon mal ganz allein einkaufen – zum Beispiel Brötchen oder Brot und Butter oder auch ein Pfund Äpfel.

Ist der Laden weiter weg oder möchten Sie oder Ihr Kind noch nicht, dass es sich allein auf den Weg macht, können Sie auch vor dem Laden warten, bis Ihr Sprössling seinen Einkauf für die Familie erledigt hat. Sie können auch mit hineingehen und in gewissem Abstand stehen bleiben, während Ihr Sohn oder Ihre Tochter allein an der Wursttheke etwas verlangt oder aus dem Kühlregal die nötigen Sachen herausnimmt.

Auch an der Kasse können Sie „Abstand halten" und Ihr Kind alleine bezahlen lassen.

Sie können natürlich schrittweise vorgehen und das eigenständige Einkaufen allmählich steigern: Erst gehen Sie mit in den Laden und lassen einen Artikel von Ihrem Kind besorgen und bezahlen. Klappt dies gut, können Sie die Menge steigern bis auf drei, vier Artikel.

Ist Ihr Kind darin fit, warten Sie beim nächsten Mal vor dem Laden. Falls es verkehrstechnisch machbar ist, darf es allein losgehen.

Beim selbstständigen Einkaufen lernt Ihr Kind eine ganze Menge: Es schult sein Gedächtnis. Weil es noch nicht lesen kann, muss es sich merken, was es einkaufen soll. Es lernt Geld zu zählen, genau zu schauen, um den richtigen Artikel zu finden, verschiedene Marken auseinander zu halten. Nicht zuletzt fördern Sie Selbstbewusstsein und Selbstständigkeit Ihres Kindes, wenn Sie sich beim Einkauf helfen lassen.

Ein ganz besonderes Highlight im Leben Ihres Fünf- bis Sechsjährigen: Lassen Sie Ihr Kind das Abendessen oder Frühstück für die ganze Familie allein machen. Und zwar von der Planung, über den Einkauf bis zum Auftischen. Beim ersten Mal sollten Sie dies aber natürlich noch gemeinsam tun, damit nichts schief geht.

Der Stadtbummel

Mit einem Kleinkind durch die Stadt – das klingt nach Stress und ist es auch, wenn Sie es eilig haben und womöglich noch jede Menge Besorgungen machen müssen. Vor allem Kinder unter vier Jahren werden dann schnell unruhig, quengelig und nervös.

Auf der anderen Seite bieten auch die Innenstädte viele interessante und spannende Erlebnisse für Kinder. Versuchen Sie also, wichtige Besorgungen möglichst ohne Kind zu machen, dafür aber ab und zu einen Stadtbummel-Tag mit Kind einzulegen, an dem Sie viel Zeit haben für seine Interessen.

Bleiben Sie vor Schaufenstern stehen, in denen sich etwas bewegt. Besuchen Sie eine Spielzeugabteilung in einem Kaufhaus. Sagen Sie Ihrem Kind aber schon vorher, dass Sie sich beide nur umsehen wollen und nichts kaufen. Lassen Sie Ihr Kind ein wenig in der Spielecke spielen, die es in vielen Kaufhäusern inzwischen gibt. Manche Läden haben auch Video- oder Computerspielecken, in denen sich Kinder ab fünf Jahren gern eine Weile aufhalten.

Suchen Sie bei Ihrem Spaziergang durch die Stadt Brunnen auf und lassen Sie Ihr Kind dort spielen. Benutzen Sie mit Ihrem Sohn oder Ihrer Tochter Rolltreppen – das ist für Kinder besonders spannend. Erklären Sie Ihrem Kind die Rolltreppe, machen Sie es darauf aufmerksam, wie man sie richtig benutzt und warnen Sie ruhig auch vor Gefahren.

Öffentliche Verkehrsmittel wie Bus, U-Bahn oder Straßenbahn mögen Kinder meist sehr gern benutzen. Fahren Sie also ein paar Stationen mit Ihrem Kind, auch wenn sie mit dem Auto da sind.

Faszinierend für Kinder sind in der Stadt auch Baustellen, weil es dort viel zu sehen gibt: Bagger und Kräne, Betonmischer und Ziegelsteine, unterschiedliche Maschinen und viele Menschen, die dort arbeiten.

Auch Straßenkünstler sind für Kinder meist viel interessanter als für Erwachsene. Die meisten Kinder freuen sich, wenn sie von Vater oder Mutter eine Münze bekommen, die Sie dem Künstler geben dürfen.

Zu Hause kann Ihr Kind seine Erlebnisse in Rollenspielen wiedergeben, es kann Bilder davon malen oder Knetfiguren formen.

Müssen Sie mit dem Kind in die Stadt, weil es neue Kleidung oder Schuhe braucht, sollten Sie sich nicht zu viel auf einmal vornehmen. Viel anprobieren und womöglich noch Entscheidungen treffen, welches T-Shirt oder welche Schuhe es möchte, überfordert ein kleines Kind. Am besten einigen Sie sich bereits zu Hause, was Ihr Kind bekommen soll, welche Farbe es möchte oder welche Art von Schuhen. Dann geht es im Laden schneller. Zum krönenden Abschluss im Café ein Eis oder ein Stück Kuchen zu naschen kann ein Anreiz sein, den Einkauf positiv mitzumachen.

Spiele für unterwegs ab 3 Jahren

● **Fingerspiel:** Zum Vers werden die Finger nach und nach eingeknickt und am Schluss alle wieder ausgestreckt.

Fünf Finger tanzen herum.
Der Daumen mag nicht mehr,
wie dumm!
Vier Finger tanzen herum.
Der Zeigefinger darf nicht mehr,
wie dumm!
Drei Finger tanzen herum.
Der Mittelfinger soll nicht mehr,
wie dumm!
Zwei Finger tanzen herum.
Der Ringfinger kann nicht mehr,
wie dumm!
Ein Finger tanzt noch herum.
Das ist ihm zu dumm.
Da ruft er die übrigen vier –
und schon sind sie hier!
Fünf Finger tanzen herum ...

● **Talerspiel:** Wie viele Taler geb' ich dir? Das Kind schließt die Augen und streckt seine flache Hand aus. Der andere Mitspieler tupft in die Handfläche. Das Kind muss mitzählen. Damit es ein bisschen schwerer wird: Mit unterschiedlicher Intensität klopfen, mal fester, mal sanfter. Dann muss der andere die Augen schließen und raten.

● **Was kaufst du dir?** Das kann anschließend oder gleichzeitig mit dem „Talerspiel" gespielt werden. Wenn der eine in die Hand getupft und der andere die Anzahl der Taler erraten hat, muss er sagen, was er sich davon kaufen möchte. Das kann man entweder einfach so stehen lassen oder man kann es weiterspinnen und fragen: „Reicht denn dafür das Geld?", „Wo gibt es denn das zu kaufen?" usw.

● **Figurenraten:** Das Kind schließt die Augen streckt seine offene Hand aus. Der andere „malt" mit seinem Finger kleine Figuren hinein. Das Kind muss erraten, was es ist, und es dann mit seinem Finger in seiner Hand „nachzeichnen".

● **Knopfspiel:** Haben Sie und Ihr Kind Knöpfe an der Kleidung? Dann lassen Sie sich für jeden Knopf einen Namen einfallen – entweder ganz normale Vornamen oder witzige Nachnamen, zum Beispiel Oliver Blaurund für einen runden blauen Knopf oder Gabriele Blusinsky für einen Blusenknopf ...

Taler, Taler, du musst wandern

Taler, Taler,
du musst wandern,
von dem einen
zu dem andern.
Das ist herrlich,
das ist schön,
Taler lass dich nur
nicht seh'n.

Ringlein, Ringlein,
du musst wandern
von der einen Hand
zur andern.
Das ist schön,
das ist schön,
niemand darf
das Ringlein seh'n!

Sich selbst Geschichten ausdenken, macht viel Spaß und fördert die Fantasie. Als Anregung können kleine Kärtchen mit Bildern dienen, die nach und nach aufgenommen werden. Die entsprechende Abbildung muss dann in die Geschichte eingebaut werden.

Dauert die Fahrt länger, können Sie auch noch zu jedem Knopf, der ja jetzt einen Namen hat, eine Geschichte erfinden – immer im Wechsel; einer beginnt, der andere macht weiter. Zum Beispiel:

Jacki Strick ist ein Knopf. Er wohnt an der Strickjacke eines kleinen Jungen (oder Mädchens). Diese Jacke ist wunderschön. Ihre Farbe ist blau und die Wolle ist warm und weich. Die Oma des Kindes hat die Jacke selbst gestrickt und sie ihm zum Geburtstag geschenkt. Das Kind heißt (wie das eigene Kind). Es darf heute mit seiner Mutter vom Dorf in die Stadt fahren. Dazu nehmen die beiden erst den Bus ... usw.

Der Fantasie sind bei diesen Geschichten keine Grenzen gesetzt.

● **Drinnen und draußen:** Schicken Sie Ihr Kind auf Entdeckungsreise mit den Augen. Sie geben eine Farbe vor und ob das Gesuchte im Fahrzeug oder außerhalb zu sehen ist – also beispielsweise „drinnen rot". Jetzt muss das Kind in der Bahn oder im Auto etwas Rotes finden, etwa den roten Schal, den jemand umhat. Bei „draußen grün" geht es etwa um die grüne Wiese oder Bäume, die man sehen kann, wenn man aus dem Fenster schaut.

Spiele für unterwegs ab 4 Jahren

● **Rätsel:** Mit ein wenig Fantasie können Sie damit lange, langweilige Fahrten zu spannender Unterhaltung machen. Gleichzeitig lernt Ihr Kind noch eine Menge dabei. Sie stellen Fragen, Ihr Kind muss antworten. Es sollten Fragen aus dem Alltag und dem häuslichen Umfeld sein, zum Beispiel: „Was kann man in der Küche alles öffnen?" „Wo lässt sich im Bad etwas verstauen?" „Was kann man im Wohnzimmer alles herumtragen?" „Was kann man im Supermarkt kaufen?" „Welche Dinge gibt es im Kindergarten zum Malen und zum Basteln?"

Wenn Ihr Kind Spaß hat, kann es auch selbst Fragen stellen, die Sie beantworten müssen. Sind mehrere Kinder dabei, kann man ein Wettspiel daraus machen: Wer zuerst antwortet, bekommt einen Punkt.

● **Gegenstände raten:** Dies ist eine Variation des vorangegangenen Spiels. Sie beschreiben Gegenstände und das Kind muss sie erraten, zum Beispiel: Es ist länglich, man kann damit essen und es liegt in der Schublade in der Küche (gemeint ist ein Löffel). Es ist hohl, ungefähr so hoch (Sie zeigen mit Ihren Händen die Höhe), steht im Wohnzimmer auf dem Tisch und es sind Blumen darin (Vase).

Der Schwierigkeitsgrad sollte sich am Alter und der Vorstellungskraft des Kindes orientieren.

Warten beim Arzt

Ist Ihr Kind krank, wird es vermutlich keine große Lust zum Spielen im Wartezimmer des Kinderarztes verspüren. Auch wenn ihm nichts fehlt und Sie „nur“ zur Vorsorgeuntersuchung kommen, kann es sein, dass das Spielangebot im Wartezimmer bei Ihrem Kind nicht ankommt. Vielleicht kennt es schon alles und hat keine Lust mehr darauf oder andere Kinder haben schon alles mit Beschlag belegt und ihr Kind findet keinen Einstieg in die Gruppe. Oder Sie sind bei einem Facharzt, bei dem es keine oder keine besonders gut ausgestattete Spielecke gibt.

Dann ist Ihr Ideenreichtum gefragt, wenn Sie eine längere Wartezeit mit Ihrem Kind überbrücken müssen. Günstig ist, wenn Sie von zu Hause ein Lieblingsbuch mitgebracht habe, aus dem Sie vorlesen können. Auch seine Lieblingsmusik oder ein spannendes Kinderhörspiel, das Ihr Kind über Kopfhörer hören kann, kommen gut an.

Entspannung für Ihr Kind

Oft ist es angenehm, wenn man die Wartezeit zur Entspannung und Beruhigung nutzt.

● **Rückenmalen:** Nehmen Sie Ihr Kind auf den Schoß und streicheln Sie ausgiebig seinen Rücken. Ist es schon älter (ab etwa vier Jahren) können Sie auch mit den Fingern einfache Figuren auf seinen Rücken „malen“, die es erraten muss: einen Baum, ein Haus, eine Sonne, ein Käsedreieck, eine Maus ... Sie sollten das Spiel zu Hause schon gemacht haben und es sollte die Malereien leicht erkennen können, sonst ist Ihr Kind schnell frustriert und mag nicht mehr mitmachen.

Das Spiel geht natürlich auch umgekehrt: Das Kind malt mit seinen Fingern auf Ihren Rücken und Sie müssen raten.

● **Fantasiereisen:** Ihr Kind schließt die Augen und stellt sich vor, was Sie ihm leise zuflüstern oder mit leiser Stimme sagen:

Am Himmel ziehen zwei große Wolken vorbei. Sie fliegen über eine grüne Wiese, auf der viele bunte Blumen blühen. Auf der Wiese weiden Schafe. Gaaaanz viele weiße und darunter drei schwarze. Auch kleine Lämmer kann man von den Wolken aus sehen. Sie springen fröhlich zwischen ihren

Die Formen und Farben von Mandalas sprechen das Unbewusste an und tragen zur Beruhigung bei.

Müttern hin und her. Dann überqueren die Wolken einen Bach, der gemächlich dahin fließt. In der Ferne sind schon die ersten Häuser eines Dorfs zu sehen ...

Der Fantasie sind keine Grenzen gesetzt. Vielleicht fällt ja Ihrem Kind auch etwas ein und es setzt die Geschichte fort oder ergänzt sie.

● **Mandalas:** Beruhigend ist auch das Ausmalen von Mandala-Bildern – ein entsprechendes Bilderbuch und Buntstifte sollten Sie mitbringen.

● **Atemübungen:** Fordern Sie Ihr Kind zunächst auf, auf seinen Atem zu achten. Dann kann es die Hände auf den Bauch legen und feststellen, dass er sich beim Einatmen nach vorne wölbt und beim Ausatmen einsinkt. Es kann sich vorstellen, dass es die Atemluft durch seinen Körper auf die Reise schickt: in den Bauch, in die Arme, erst in den einen, dann in den anderen, nacheinander in die Füße und die Beine usw.
Dabei lernt es seinen Körper kennen und benennen und es bekommt ein besseres Gefühl für seinen Körper.

Fingerspiele

Mit Fingerspielen lässt sich prima die Zeit vertreiben. Außerdem sind sie zur Förderung von Geschicklichkeit, Feinmotorik und Gedächtnis geeignet. Fingerspiele können ein Kind vom Babyalter bis zur Schule begleiten und begeistern.

● **Mäuschenspiel:**
Kommt ein Mäuschen
übers Häuschen.
Wo soll es rasten?
In (Name des Kindes) Herzkasten.
Dabei mit den Fingern vom Bauch oder von den Füßen aus über das Kind „wandern“, am Ende in der Herzgegend „kitzeln“.

● **Mäusebesuch:**
Da kommt die Maus,
da kommt die Maus,
klingelingeling,
ist (Name des Kindes) zu Haus?
Mit den Fingern über die Arme zum Kopf krabbeln. Bei „klingelingeling“ am Ohr oder an der Nase sanft zupfen oder stupsen.

● **Kitzelspaß:**
Mit Fingerchen, mit Fingerchen,
mit der flachen Hand,
mit Fäustchen, mit Fäustchen,
mit der ganzen Hand.
Dabei sich gegenseitig kitzeln.

● **Zehn Zappelfinger:**
Zehn kleine Zappelfinger
zappeln hin und her,
zehn kleinen Zappelfingern
fällt das gar nicht schwer.
Zehn kleine Zappelfinger
zappeln auf und nieder,
zehn kleine Zappelfinger
tun das immer wieder.
Zehn kleine Zappelfinger
zappeln ringsherum,
zehn kleinen Zappelfingern
scheint das gar nicht dumm.
Zehn kleine Zappelfinger
spielen mal Versteck,
zehn kleine Zappelfinger
sind auf einmal weg.
Zehn kleine Zappelfinger
kommen zu dir rüber (kitzeln),
zehn kleine Zappelfinger
tun das immer wieder.
Beide Hände hochheben und alle Finger spreizen, von Strophe zu Strophe mit den Fingern mitmachen.

● **Zippel-Zappelfinger:**
Zippel, zappel, Fingerlein,
wollen gar nicht stille sein.
Sie zappeln hin, sie zappeln her
und geben keine Ruhe mehr.
Fingerlein, jetzt aber still,
weil ich euch was sagen will:
Noch mal hin und noch mal her,
dann gibt es kein Gezappel mehr!

● **Bäumchenklettern:**
Steigt ein Büblein (Mädlein)
auf den Baum,
hoch, so hoch, man sieht es kaum.
Hüpft von Ast zu Ästchen,
guckt ins Vogelnestchen.
Hei, da lacht es. Ohh, da kracht es.
Plumps, da liegt es unten.
Mit den Fingern über den Körper bis zum Hals klettern, kurz in die Ohren stupsen und (bei plumps) schnell wieder nach unten zu den Füßen.

Geschickte Finger helfen beim Sprechen

Je geschickter ein Kind mit seinen Fingern ist, je besser also seine feinmotorischen Fähigkeiten ausgebildet sind, umso leichter lernt es Sprechen. Den Grund dafür haben Wissenschaftler herausgefunden: Die Regionen für Sprechen und Feinmotorik liegen im Gehirn nah beieinander. Wird die eine angeregt, bekommt auch die andere etwas davon ab. Nebenbei ist eine gute Feinmotorik auch zum Schreiben notwendig.

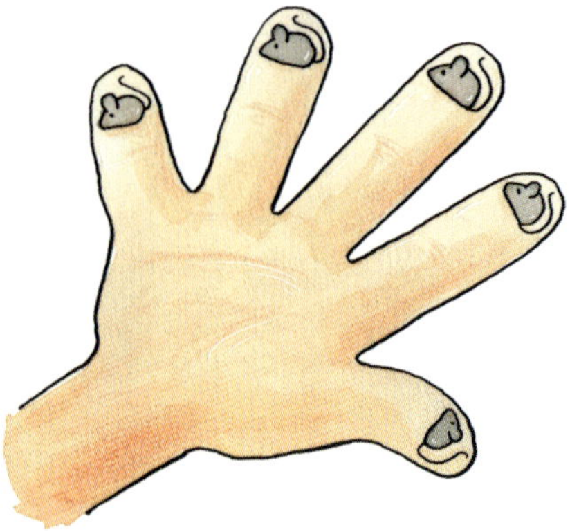

Noch lustiger werden Fingerspiele, wenn Sie Ihre Finger oder die Ihres Kindes mit kleinen Figuren (ungiftige Farben verwenden!) bemalen.

● **Fünf Freunde:**
*Der ist ins Wasser gefallen,
der hat ihn wieder herausgeholt.
Der hat ihn ins Bett gebracht.
Der hat ihn zugedeckt.
Und der kleine Schlingel
hat ihn wieder aufgeweckt.*
Die einzelnen Finger des Kindes nacheinander in die Hand nehmen. Beim Daumen beginnen.

● **Besuch:**
*Geht ein Mann die Treppe rauf,
klingelt, klopft an,
„Guten Tag Frau (Herr) Nasemann."*
Mit den Fingern am Arm des Kindes hinaufkrabbeln. Bei „klingelt" (leicht) am Ohr ziehen, bei „klopft an", sanft auf die Stirn klopfen. Am Ende an der Nase ziehen.

● **Hopsen:**
*Eins, zwei, drei, vier, fünf,
die laufen auf ihr'n Strümpf',
die springen über Gräben
und manchmal auch daneben.
Sie fallen in die Sümpf'
und weg sind alle fünf.*
Die Finger einer Hand zählen, damit über das Kind krabbeln, springen, „abrutschen" und aus der Hand ein Faust machen.

● **Fingertanz:**
*Zehn Finger haben wir
an beiden Händen hier.
Sie beugen und sie strecken sich,
sie winken ganz freundschaftlich.
Sie legen sich Hand in Hand,
falten sich ganz gewandt.
Nun wollen sie nichts mehr tun,
nur noch im Bettchen ruh'n.*

● **Puppentheater:** Stecken Sie auf Ihre Finger Fingerpüppchen und spielen Sie so ein Puppentheater. Ist Ihr Kind schon älter (ab etwa zweieinhalb Jahren), wird es gern mitspielen.

● **Gespensterreigen:**
*Fünf Gespenster
hocken vor dem Fenster.
Das erste schreit: Haaaa.
Das zweite schreit: Heeee.
Das dritte schreit: Hiiii.
Das vierte schreit: Hoooooo.
Das fünfte schreit: Huuuu.*
Erst mit allen Fingern zappeln, dann jeweils nur einen ausstrecken. Mit dem Daumen beginnen.

● **Bauernhof:**
*Meine braven Fingerlein
dürfen einmal Tierlein sein.
Dieser Daumen ist das Schwein
dick und fett und ganz allein.
Zeigefinger ist der Ziegenbock
mit dem langen Zottelrock.
Mittelfinger ist die große Kuh,
die nur immer schreit muh, muh.
Ringfinger ist ein stolzes Pferd,
wird vom Reiter sehr begehrt.
Dieses kleine Fingerlein
soll das kleine Schäfchen sein.
Tiere laufen im Galopp
immer lustig hopp, hopp, hopp,
laufen in den Stall hinein,
denn es bricht die Nacht herein.*
Die Finger vorzeigen, wenn sie erwähnt werden. Zum Schluss die Hände auf dem Rücken verschwinden lassen.

- **Gesichter malen:** Bei Kindern sehr beliebt ist es, einzelne Finger oder die ganze Hand als Gesichter bemalen. Dann kann man ihnen Namen geben und eine Geschichte erzählen oder ein Theaterstück spielen.

- **Regentanz:**
Wenn's regnet, da gehe ich nicht raus!
Wenn's regnet, da bleibe ich zu Haus!
Wenn's regnet, da werde ich nass!
Wenn's regnet,
da macht es keinen Spaß!
Ich kann nicht auf
den Sonnenschein warten.
Ich nehme meinen Regenschirm
und gehe in den Kindergarten.
Bei jedem Satz wackelt ein anderer Finger, wobei der Daumen beginnt. Der kleine Finger sagt den letzten Satz. Dabei wird die andere Hand als Regenschirm über ihn gehalten.

- **Verstecken:**
Meine Hände sind verschwunden,
ich habe keine Hände mehr,
ei, da sind meine Hände ja wieder,
tralalalalalala!
Meine Ohren sind verschwunden, …
Meine Augen sind verschwunden …
Meine Nase ist verschwunden …
Mein Mund, der ist verschwunden …
Meine Haare sind verschwunden …
Beim Sprechen der ersten beiden Zeilen die Hände hinter dem Rücken verstecken. Während der dritten Zeile die Hände wieder zeigen und bei tralalalala in die Hände klatschen. Bei den weiteren Versen die jeweils erwähnten Gesichts- bzw. Körperteile mit den Händen bedecken und anschließend wieder zeigen. Sie können noch weitere Verse erfinden, etwa mit den einzelnen Fingern oder den Beinen.

Spaß und Spiel mit Tütenpuppen

Tütenpuppen können leicht selbst gebastelt werden: In den Boden eines Pappbechers ein Loch bohren, sodass ein Holzstab durchpasst. Aus Stoffresten und einer Styroporkugel eine Figur mit einem weiten, unten offenen Gewand basteln. Den Holzstab gut in der Styroporkugel fixieren, das andere Ende durch das Loch des Bechers stecken. Die untere Kante des Gewands im Inneren des Bechers festkleben. Wenn Sie den Stab jetzt nach unten ziehen, verschwindet die Figur im Becher.

Fünf Männlein:

Fünf Männlein
sind in den Wald gegangen,
wollten gern ein Häslein fangen.
Der erste war so dick wie ein Fass,
der brummte immer:
„Wo ist der Has', wo ist der Has'",
der zweite rief:
„Da ist er ja, da ist er ja!"
Der dritte, der war der Längste,
aber auch der Bängste,
der fing an zu weinen:
„Ich seh' ja keinen,
ich seh' ja keinen."
Der vierte rief:
„Das ist mir zu dumm,
ich kehr' wieder um."
Und der Kleinste,
wer hätte das gedacht,
der hat den Hasen
nach Hause gebracht,
da haben alle laut gelacht:
ha, ha, ha, ha, ha !

Mit den Fingern den Text illustrieren. Zum Schluss krümmen sich alle Finger vor Lachen.

Herbst:

Wenn der Herbst pfeift –
wird Regenwetter.
Wenn der Herbst pfeift –
wuihhh – dann fallen die Blätter.
Er schüttelt gewaltig die Bäumchen,
gibt Äpfel und Birnen und Pfläumchen.
Er pfeift – wuihhh –
da fliegen die Vög'lein fort
an einen fremden, warmen Ort.
Er pfeift – wuihhh –
da schlafen die Blümelein,
die Raupen hüllen in Blätter sich ein.
Der Nebel ist des Herbstes Mantel,
die Regenwolken sind sein Kleid.
Leb' wohl, leb' wohl, du schöne,
du gold'ne Sommerzeit.

Mit Fingern und Händen den fallenden Regen und Blätter nachahmen. Das geschüttelte Bäumchen wird dargestellt, indem mit der rechten Hand der linke Unterarm geschüttelt wird. Das Obst mit dem Finger in die Luft zeichnen. Die Raupe ist ein Finger, der von der anderen Hand umschlossen wird. Beim letzten Vers winken.

Täubchen

Wir öffnen jetzt das Taubenhaus,
die Täubchen fliegen zum Tore hinaus.
Sie fliegen um die weite Welt ,
weil's ihnen draußen so gut gefällt.
Und kehren sie wieder
zur süßen Ruh',
dann schließen wir wieder
das Taubenhaus zu.
Krukru, krukru, krukru.

Die Hände sind zur Faust geballt. Sie öffnen sich und die Hände und Finger (Täubchen) bewegen sich flatternd durch die Luft. Am Ende des Reimes, wenn sich das Taubenhaus schließt, die Hände wieder zu Fäusten ballen.

Fünf Reiter:

Fünf Reiter kommen geritten,
der Erste reitet auf einem Pferd,
das ist ihm tausend Taler Wert.
Der Zweite reitet auf einer Kuh,
die nur immer schreit: „Muh, muh!"
Der Dritte auf einem Esel reit',
der immer: „Ia, ia!" schreit .
Der Vierte reitet auf einer Geiß
die macht: „Meck, meck!",
wie jeder weiß.
Der Fünfte reitet
auf Schusters Rappen,
so kann er am allerbesten trappen.

Die jeweiligen Finger gemäß der Textstellen bewegen.

Appetit:

Der hat einen großen Durst,
der möchte eine große Wurst,
der möchte einen Butterwecken ,
der möchte gerne Honig schlecken
und der kleine Buzimann
schaut vergnügt die andern an.

Die Finger der Reihe nach vorzeigen.

Die Kirschen:

Ei, seht den schönen Kirschzweig an!
Fünf rote Kirschen hängen d'ran.
Das ist die Kirsche kugelrund,
das ist die Kirsche kerngesund.
Das ist die Kirsche Zuckerblut,
und das die Kirsche gar so gut.
Die letzte Kirsche ist die Beste,
da kommt ein Spatz aus seinem Neste
und rupft's und zupft's
und reißt und beißt,
bis alle fünfe sind verspeist.

Die Hand ist der Kirschzweig, die Finger die Kirschen, die einzeln vorgezeigt werden. Zum Schluss verschwinden alle in der Faust.

Orchester:

Der spielt die Geige,
der spielt die Flöte,
der spielt die Zither,
der spielt Trompete
und der kleine Schnickschnack
spielt am liebsten Dudelsack.

Die einzelnen Finger dem Text folgend vorzeigen.

Katz und Maus

Kommt wir spielen Katz' und Maus,
die linke Hand, sie ist das Haus.
Die rechte Hand, sie ist die Katze,
sie schleicht mit ihrer weichen Tatze
um des Mäuschens kleines Haus,
Mäuschen schaut beim Fenster 'raus.
Seht da springt mit einem Satze
diese böse Miezekatze
auf das arme Mäuschen zu
und verspeiset es im Nu.

Mit den Händen werden Haus und Katze dargestellt. Das Mäuschen ist der Daumen, der zwischen Mittel- und Ringfinger durchgestreckt wird.

Das schiefe Häuschen:
Mein Häuschen
ist nicht ganz gerade –
das ist schade.
Mein Häuschen
ist ein bisschen krumm –
das ist dumm.
Bläst der Wind hinein –
fällt das Häuschen ein.

Die Ellenbogen aufstellen und mit den Händen ein Dach bilden. Das Kind soll nun kräftig auf das Häuschen pusten, das bei der letzten Strophe einfällt.

Ausflüge, die allen Spaß machen

Kleine Kinder und Ausflug ist gleich Stress? Das muss überhaupt nicht sein. Wenn man ein paar wichtige Grundregeln beachtet, werden Ausflüge für die Kinder zum grandiosen Erlebnis für alle Sinne und für die Eltern zur außergewöhnlichen Freizeitbeschäftigung, bei der auch sie die Welt ganz neu entdecken können.

● **Regel 1:** Planen Sie altersgerecht. Je kleiner das Kind ist, umso „ruhiger" sollte das Ziel sein und umso kürzer der Ausflug. Für Dreijährige dauert eine Zweistundenwanderung endlos. Unter drei Jahren werden die Kleinen von Geräuschen, Farben, Licht und Gerüchen einer Kirmes regelrecht erschlagen. Im Museum oder der Kunstausstellung ist es für die meisten Kinder unter zwei Jahren nur anstrengend und langweilig.
Das sind natürlich nur Richtwerte. Kinder sind sehr verschieden. Sie als Eltern können am besten beurteilen, was Sie Ihrem Nachwuchs schon zumuten können. Es muss nicht immer gleich ein großer Freizeitpark sein (der meist auch reichlich Geld kostet). Für Eltern mit Kindern gibt es viele Ziele, die allen Spaß machen.

● **Regel 2:** Planen Sie kindgerecht. Das heißt, nehmen Sie sich kein Erwachsenenprogramm vor. Bei Kindern ist meist schon der Weg das eigentliche Ziel. Sie brauchen ständig Bewegung, sie wollen dauernd etwas Interessantes tun – aber mit ausreichend Zeit. Freizeitvergnügen, zu denen man stundenlang anreisen oder die man ganz schnell abhaken muss, sollten Sie gar nicht erst ins Programm nehmen.

● **Regel 3:** Seien Sie neugierig. Lassen Sie sich zusammen mit Ihrem Kind und genauso wie Ihr Kind mit Interesse und Entdeckerfreude auf neue Erfahrungen ein. Was wird im Museum zu sehen sein? Was werden wir bei der Wanderung entdecken? Wie funktioniert eigentlich ein Bahnhof?
Bedenken Sie, dass Ihr Kind Zeit braucht – je jünger es ist, umso mehr –, um alles Neue zu erforschen und aufzunehmen. Nehmen Sie sich also nicht zu viel vor, dann geraten Sie nicht unter Zeitdruck und können gemeinsam mit Ihrem Kind alles in Ruhe entdecken.

Ausflug – das muss nicht immer nur die Fahrt ins Grüne sein oder der Besuch von Schützenfest oder Jahrmarkt. Hier finden Sie ein paar Ausflugsziele, an die Sie vielleicht noch gar nicht gedacht haben.

Museum

In vielen deutschen Städten gibt es spezielle Kinder- und Jugendmuseen. Oft sind sie an große Museen angeschlossen, manchmal auch unabhängig davon. Teilweise haben diese Museen schon Angebote für Kinder ab dem Krabbelalter. Alle Ausstellungen zu den unterschiedlichsten, auch für Erwachsene spannenden Themen beinhalten Spiel- und Experimentierstationen zum Ausprobieren, Forschen und Entdecken. Es werden alle Sinne des Kindes angesprochen. Lernen macht auf diese Weise richtig Spaß.

Doch Kindermuseen sind nicht alles. Beinahe jedes Museum, jede Kunsthalle und sonstige Ausstellungsstätte bietet heute extra Programme für Kinder an. Es lohnt sich nachzufragen.

Sie können Ihr Kind (etwa ab zwei Jahren) natürlich auch ohne Spezialangebot ins Museum mitnehmen. **Wichtig:** Gehen Sie ein wenig auf die Interessen Ihres Kindes ein. Bleiben Sie dort stehen und lesen Sie ihm die Beschreibungen da vor, wo das Kind es will. Drängen Sie ihm keine Erklärungen auf. Und wenn es sich nur für die Alarmanlage oder die Anzahl der Bodenfliesen in einem Raum interessiert – auch gut. Sehen Sie sich an, was Ihnen gefällt, und lassen Sie das Kind die Bodenfliesen zählen. Es wird das Museum in guter Erinnerung behalten und bei einem weiteren Besuch vielleicht auch mit etwas mehr Interesse und Neugier die Ausstellungsstücke beachten.

Kunstausstellung

Kleine Kinder haben oft großen Spaß an Kunst. Vor allem moderne Kunst, die bunt und ungewöhnlich ist und der Fantasie Raum lässt, fasziniert schon Vier- und Fünfjährige. Aber auch Klassiker, auf denen interessante Szenen zu sehen sind, können Kinder begeistern. Kinder sehen ja zuerst die Details, haben weniger den Blick fürs Ganze wie wir Erwachsenen. Betrachten Sie mit Ihrem Kind gemeinsam die Bilder. Möglicherweise sind Sie überrascht, welche Details, auf die Ihr Kind Sie aufmerksam macht, Ihnen vorher noch gar nie aufgefallen sind.

Was eine Kunstausstellung noch schöner macht: Ein eigener Zeichenblock und Stifte, mit denen das Kind aufmalt, was es gesehen hat. Eine Postkarte mit dem „schönsten“ Kunstwerk, kann auch daheim noch Malanregung bieten.

Übrigens: Kunstmuseen bieten oft Kinderprogramme an. Nachfragen lohnt sich auf jeden Fall.

Kinder und Picasso? Auf jeden Fall. Untersuchungen haben gezeigt, dass gerade zu diesem Maler und zu dieser Kunstrichtung Kinder oft einen besseren Zugang haben als Erwachsene, die sich wenig mit Kunst beschäftigen.

Noch mehr Spaß für die Kleinen macht der Ausflug zum Flughafen oder Bahnhof, wenn Sie dort gemeinsam einen kleinen Imbiss zu sich nehmen. Am besten in einem Restaurant mit Blick auf die Gleise oder die Rollbahn.

Bahnhof

Vor allem, wenn Sie Autofahrer/in sind, werden Sie beim Ausflug zum nächsten Bahnhof gemeinsam mit Ihrem Kind eine Menge lernen können. Gehen Sie das gesamte Gelände ab, sehen Sie sich alles an. Die Fahrkartenschalter, die zahlreichen Automaten, die heute an jedem Bahnhof stehen, die Bahnsteige, Anzeigentafeln, die Läden, Kioske und schließlich auch die Züge, die ein- und ausfahren. So ein Besuch ist bereits für Kinder ab zwei Jahren recht spannend. Erklären Sie, was Sie wissen, und beantworten Sie die Fragen Ihres Kindes. Falls Sie etwas nicht wissen: Vielleicht bekommen Sie Antwort am Informationsschalter, den es heute auf allen größeren Bahnhöfen gibt. Wenn nicht, können Sie in Lexika, Büchern oder im Internet (zum Beispiel www.bahnhof.de) gemeinsam mit Ihrem Kind nach Antworten suchen. Dann lernt es gleich, wie man gezielt an Informationen herankommt. Das ist bei der gigantischen Informationsflut heutzutage eine wichtige Fähigkeit.

Flughafen

Ein Ausflugsziel, das vor allem auf ältere Kinder (etwa ab vier oder fünf Jahren) große Faszination ausübt, ist der Flughafen. Erkundigen Sie sich bei Ihrem nächstgelegenen, ob es Informationsmöglichkeiten für Besucher gibt. Viele Flughäfen haben Aussichtspunkte, von denen aus Starts und Landungen zu beobachten sind. Aber ebenso wie Bahnhöfe bieten Flughäfen noch jede Menge anderer interessanter Dinge – je größer der Flughafen ist, umso mehr: Anzeigentafeln, Monitore mit Abflug- und Landeanzeigen, Geschäfte, Restaurants, Seelsorgeeinrichtungen, Erste-Hilfe-Einrichtungen usw. Meist findet man in Prospektständern am Flughafen Broschüren, die zahlreiche Informationen über den Flughafen enthalten. Diese können Sie zusammen mit Ihrem Kind durchlesen und die beschriebenen Orte gleich aufsuchen.

Ebenfalls ein schönes Flughafenspiel: Auf Anzeigetafel oder Monitor die Ziele durchgehen und erzählen, was man darüber weiß, oder notieren, was interessant ist, und später daheim im Lexikon oder Internet nachschauen.

Wald

Ein Waldausflug bringt eine Fülle von Eindrücken für alle Sinne und viele Möglichkeiten für tolle Spiele. Falls Sie länger unterwegs sind, sollten Sie auf jeden Fall etwas zu trinken und ein paar kleine Snacks oder Obst dabei haben. Denn im Wald gibt es in der Regel nichts zu kaufen. Hunger und Durst verderben den Kleinen aber schnell die Lust am Ausflug. Schön, wenn Sie außerdem noch eine Lupe, eine (oder mehrere) Taschenlampe und eventuell ein Bestimmungsbuch und/oder ein Fernglas im Gepäck haben. Denn im Wald gibt es viel zu entdecken und zu untersuchen.

Schnuppern: Ein Kind schließt die Augen. Ein anderes oder ein Erwachsener hält ihm ein Blatt, einen Zapfen, Moos oder etwas anderes an die Nase. Was ist das wohl? Richtig geraten? Dann ist der Nächste dran.
Verstecken: Der Wald ist geradezu ideal für Versteckspiele (ab ca. vier Jahren). Allerdings sollte vorher der Radius abgesteckt werden, in dem man sich verstecken darf. Damit niemand verloren geht.
Vögel: Wer kann Vogelstimmen imitieren? Erst zuhören – dann nachahmen. Klingt toll im Wald.
Stöckchen: Bizarre Stockformen, schön Tannen-, Fichten- oder Kiefernzapfen sind wunderbare Andenken für daheim.
Spiele im Wald, lassen mich nicht kalt.

Nehmen Sie sich also keine langen Wanderstrecken vor. Hier gilt ganz besonders: Der Weg ist das Ziel. Ist Ihr Kind schon größer (ab etwa vier Jahren) kann es leichtes Gepäck schon selbst tragen. Alles in allem sollte das Wandergepäck aber nicht zu schwer sein – auch nicht für Sie.

Kinder wollen gern von ihren Ausflügen etwas mit nach Hause bringen. Wer aber im Wald Pflanzen abreißt, sollte darüber informiert sein, ob es auch erlaubt ist. Denn viele Wildpflanzen stehen bei uns unter Naturschutz und dürfen nicht gepflückt werden.

Spannende Waldspiele:

● **Was wächst da?** Lassen Sie Ihr Kind Blätter der Bäume sammeln oder die Rinden genau (mit der Lupe) betrachten. Auch am Waldboden gibt es viele interessante Sachen, die man mit Lupe und Taschenlampe untersuchen kann: Pilze, Blumen, Gräser, Beeren, Käfer, Spinnen, Schnecken.

Vorsicht: Falls Sie kein Experte in Sachen Pilze und Wald-

Beim Waldspaziergang stößt man immer wieder auf kleine Bachläufe oder Quellen. Dort lassen sich mit wenig Aufwand aus Stöcken, Gräsern und Blättern Wasserspiele bauen, die kleine und große Baumeister faszinieren. Ihr Kind kann Ihnen assistieren, indem es die geeigneten Zweige und Blätter sammelt, während Sie mit einem Taschenmesser ausgerüstet die Baumaßnahmen ausführen.

früchte sind, lassen Sie Ihr Kind besser grundsätzlich nichts naschen. Denn es wächst allerlei höchst Giftiges, das zur echten Gefahr werden kann.

● **Was raschelt da so schön?** Lauschen Sie den Geräuschen, wenn man über Zweige, Blätter, Moos oder den steinigen Weg geht. Klingt es anders, wenn ein Kind oder ein Erwachsener darauf steigt? Spielt es eine Rolle, ob man langsam darüber geht oder läuft?

● **Bewegungsspiele:** Wenn Sie vorwärts kommen wollen, bieten sich Bewegungsspiele an. Ein Wettrennen bis zum übernächsten Baum, der auch noch einmal umrundet werden muss; Weitwurf mit Tannenzapfen, die man vorher aufgesammelt hat; hüpfen, laufen, auf einem Bein springen, in der Hocke vorwärts gehen, im Zickzack bis zu einer vorher bestimmten Stelle laufen – das alles im Wechsel, jeweils zehn oder zwanzig Schritte weit. Oder das Kind macht es vor und Sie machen es nach (und umgekehrt) usw. Der Fantasie sind da kaum Grenzen gesetzt.
Sehr beliebt sind auch Versteckspiele. Das Gelände sollte dabei aber so übersichtlich sein, dass man das Kind auch sicher wiederfindet bzw. das Kind seine Eltern wiederfindet.

● **Waldgeschichten:** Damit es auch auf dem Rückweg zum Auto oder zur Bahnstation nicht langweilig wird, kann man Geschichten erfinden – von Waldschraten, Gnomen, Feen, guten Geistern. Sie fangen an, Ihr Kind erzählt weiter, dann wieder Sie ...

● **Ratespiele:** Welche Tiere leben heute im Wald? Rehe, Hasen, Mäuse, Marder, Vögel usw. Doch das sind nicht die einzigen. Es gibt jede Menge Insekten wie Ameisen, Fliegen, Wespen, Hummeln. Was sicher interessant ist: Beim örtlichen Forstamt nachfragen und sich über die Fauna im Wald informieren lassen.

● **Tastspiel:** Einem Kind (oder Erwachsenen) werden die Augen verbunden oder es schließt sie freiwillig. Dann wird es an einen Baum geführt und darf ihn mit verschlossenen Augen gründlich ertasten. Danach wird es wieder weggeführt und soll nun mit offenen Augen herausfinden, was es ertastet hat. Je jünger ein Kind ist, umso näher sollte es am Tastobjekt bleiben.

● **Richtig stehen:** Im Wald trifft man immer wieder auf Baumstümpfe. Ein lustiges Spiel: Wie viele können gleichzeitig darauf stehen? Je besser man sich gegenseitig hält und stützt, umso mehr schaffen es.

Türme

Von oben sieht die Welt ganz anders aus. Schon allein für diese Entdeckung lohnt es sich, Türme zu besteigen. Nutzen Sie die Gelegenheiten: Kirchtürme, alte Wassertürme, Fernsehtürme und andere Aussichtstürme bieten Ihnen und Ihrem Kind

Für kleine Schiffsbauer, und Kapitäne

Überall im Wald liegen dünne Äste, Zweige und Rindenstücke herum. Gleich vor Ort kann daraus ein veritables Schiff zusammengebaut werden: In ein Rindenstück (eventuell muss es noch etwas zurecht geschnitten werden) wird ein gerader Zweig gesteckt und als Segel ein Blatt gehisst. Natürlich können Sie die Baumaterialien auch mit nach Hause nehmen und dort in aller Ruhe gemeinsam mit Ihrem Kind eine ganze Flotte großer und kleiner Schiffe zusammenbauen.

Im Hafen gibt es viel zu beobachten, das Ihr Kind interessiert: Schiffe, die ein- und auslaufen, Arbeiter, die die Schiffsfracht löschen, Fischer, die ihren Fang an Land bringen und die Netze entwirren oder flicken. Wenn Sie nicht ständig am Meer leben, kann Ihr Kind viel Neues lernen – und es wird viele Fragen stellen!

ganz neue Blicke. Betrachten Sie dann von oben die Details, das kann Training für alle Sinne sein: Welch unterschiedliche Farben die Hausdächer haben; die Treppe, die zwischen den Häusern verläuft. Sind alle Dächer gleich? Lass uns mal alle flachen (oder eckigen oder roten oder schwarzen etc.) Dächer suchen. Was siehst du für Fenster? Kannst du in die Höfe ganz in der Nähe sehen? Was man hier oben alles hören kann! Miaut da eine Katze, bellt ein Hund, schreit ein Kind, hupt ein Auto?
Stehen Sie auf einem Turm in Ihrem Wohnort, können Sie Ihrem Kind natürlich auch Dinge zeigen, die es kennt: Läden, Straßen, Häuser, Kirchen. Etwa ab vier Jahren bringt ein Fernglas noch zusätzliches Vergnügen, wenn man sich interessante Dinge „heranziehen“ kann.

Wasser

Schiffe, Boote, Anlegestellen, Schleusen, Hafenbecken – wenn Sie am Wasser leben, gehen Sie doch mit Ihrem Kind regelmäßig dorthin und beobachten Sie, was alles geschieht. Leben Sie im Binnenland, haben Sie vielleicht im Urlaub Gelegenheit dazu. Der Betrieb am Flussufer oder im Hafen ist für jedes Kind (ab etwa zwei Jahren) interessant und spannend.
Absoluter Höhepunkt eines solchen Ausflugs: Selbst mit einem Schiff mitfahren. Dauert die Fahrt länger, sollten Sie allerdings für Unterhaltung sorgen. Einfach dasitzen und schauen ist für die meisten Kinder ganz schnell langweilig. Besser ist es, das Schiff zu ergründen, alles anzuschauen und überall hinzugehen, wo es erlaubt ist. Oder: Beobachten, was am Ufer geschieht. Ändert sich die Landschaft, sind Häuser, sind Menschen zu sehen? Was machen Sie? Welche Farben sind zu sehen? Gibt es auch Tiere zu beobachten? Wie verändert sich das Wasser? Was machen die Wellen?
Ist alles erkundet und die Fahrt immer noch nicht vorbei, eignen sich Spiele, wie „Ich sehe was, was du nicht siehst, und das ist ...“. Dann wird eine Farbe, Form oder Eigenschaft genannt und das Kind muss raten, was es ist. Dann darf es selbst die Frage stellen und Sie müssen raten.

Fünftes Kapitel

Hilfreiche Tipps und Anregungen

So wird die Wohnung kindersicher

Klar, jedes Kind braucht Erfahrung und es muss auch lernen, mit Gefahren umzugehen. Doch wie so vieles geschieht auch dies erst nach und nach. Deshalb ist es vor allem am Anfang wichtig, dass die Wohnung dem Kind angepasst wird, und nicht umgekehrt.

Keine Frage: Kinder müssen ihre eigenen Erfahrungen machen, um sich optimal zu entwickeln Das heißt auch, dass sie die Welt selbst entdecken und sie mit allen Sinnen begreifen wollen. Die Welt beginnt für jedes Kind in seiner unmittelbaren Umgebung, in der Wohnung, wo es mit Eltern und vielleicht auch mit Geschwistern lebt.

Damit das Kind möglichst frei auf Erkundungstour gehen kann, dabei aber so sicher wie möglich vor Verletzungen ist, müssen Eltern ein paar Gefahren aus dem Weg räumen, und zwar umso mehr, je kleiner das Kind ist.

Die folgenden Empfehlungen der Bundeszentrale für gesundheitliche Aufklärung sollten Sie beachten:

In der gesamten Wohnung

- Alle Steckdosen mit Kindersicherungen (aus dem Elektrofachhandel) ausrüsten.
- Teppiche und Läufer rutschfest machen.
- Keine giftigen Pflanzen in Reichweite des Kindes aufstellen. Pflanzen nicht mit Schädlingsbekämpfungsmitteln besprühen.
- Vor allem bei kleinen Kindern: Balkontüren, Fenster, Schubladen, die das Kleine nicht öffnen soll, gut sichern.
- Streichhölzer, Feuerzeuge und Medikamente für das Kind unerreichbar aufbewahren.

Im Wohnzimmer

- Solange das Kind klein ist (unter zwei Jahren), grundsätzlich nichts in seiner Reichweite (auf Boden, Tisch, Stuhl, Regal) liegen lassen, was es nicht haben soll.
- Zigaretten, Tabak oder andere Utensilien zum Rauchen nicht in Reichweite von Kindern liegen lassen. Schon 1/3 Zigarette kann lebensgefährlich werden, wenn ein Kleinkind sie isst.
- Nähutensilien, alkoholische Getränke, wertvolle Gläser oder Sammelstücke nach oben räumen oder sicher einschließen.
- Kerzen und anderes offenes Feuer nie unbeaufsichtigt brennen lassen. Wenn es gelöscht ist, wegräumen – insbesondere Lampen mit Lampenöl.
- Möglichst keine Tischdecken auflegen. Kleine Kinder halten sich daran fest und ziehen dann leicht alles, was darauf steht, herunter.
- Regale sollten kippsicher stehen. Alles, was das Kind nicht haben soll, nach oben räumen.

Im Flur und Treppenhaus

- Schutzgitter oben und unten an der Treppe anbringen, solange das Kind noch nicht laufen und die Treppen allein bewältigen kann.

- Nichts herumliegen lassen (vor allem nicht auf einer Treppe), worüber man stolpern kann.

In der Küche

- Schuhputzzeug, Spraydosen und alle Haushaltschemikalien nach oben räumen, auf jeden Fall unzugänglich fürs Kind aufbewahren.
- Schneidegeräte (Messer, Dosenöffner etc.) sowie Plastiktüten unzugänglich aufbewahren.
- Herdschutzgitter anbringen.
- Beim Kochen Pfannenstiele nach hinten drehen, nach Möglichkeit nur auf den hinteren Kochplatten kochen.
- Elektrische Geräte nach Gebrauch wieder gut verstauen. Keine Kabel herumliegen oder hängen lassen.

Im Badezimmer

- Rutschfeste Matten in Badewanne und Dusche.
- Kosmetika, Toilettenartikel, Maniküre-Sets außer Reichweite bringen.
- Keine elektrischen Geräte in Wassernähe benutzen.
- Nie in der Badewanne telefonieren lassen.
- Kleine Kinder niemals allein baden lassen. Ertrinkungsgefahr besteht bereits bei fünf Zentimeter Wassertiefe!

Mit Kindern möglichst nicht rauchen

Tabakrauch ist voller gefährlicher Schadstoffe. Da bezweifelt heute niemand mehr. Rund die Hälfte aller Kinder wächst in Deutschland aber in Haushalten auf, in denen geraucht wird. Hier muss an die Eltern appelliert werden, auf die Gesundheit der Kleinen Rücksicht zu nehmen. Denn der Zigarettenrauch, den so ein Winzling einatmet, kann ihm auf Dauer Schäden an Lunge, Herz, Augen und Haut zufügen. Deshalb: Wenn schon rauchen, dann bitte nicht in Räumen, in denen sich auch kleine Kinder aufhalten. Besser auf dem Balkon oder am offenen Fenster.

Spielzeug, das jedes Kind haben sollte

Das Spielzeugangebot ist riesig und unüberschaubar. Kinder brauchen für ihre gesunde Entwicklung nur sehr wenig davon. Allzu viel schadet mehr, als es nützt. Zudem sind die ganz alltäglichen Dinge, mit denen auch Vater und Mutter hantieren für ein Kind immer noch am Interessantesten. Allerdings kann man ihnen nicht alles einfach überlassen. Und ein paar Spielsachen, die dem jeweiligen Alter angemessen sind, sollte jedes Kind haben, damit es sich optimal entwickeln kann und seine Fähigkeiten richtig gefördert werden. Da gutes Spielzeug heutzutage nicht gerade billig ist, können Eltern sich für ihr Kind etwas teurere Stücke auch schenken lassen. Tanten, Freunde oder Großeltern wollen ja Kindern gern etwas schenken. Sie sind oft sogar um Geschenkideen verlegen und froh, wenn sie entsprechende Tipps von Ihnen erhalten. Wünschen Sie sich also für Ihr Kind die qualitativ hochwertigen Spielsachen zu Geburtstag, Weihnachten oder anderen festlichen Anlässen.

Spielzeug ist für Kinder dann am interessantesten, wenn sie es einerseits verstehen, es andererseits auch noch ausreichend Raum für die Fantasie lässt. Schlichte, einfache Spielsachen sind in der Regel am besten.

Qualität und Sicherheit

Ob das Kind mit hochwertigem und meist sehr teurem Holzspielzeug oder mit preiswertem und vielleicht etwas bunterem Kunststoffspielzeug spielt, hängt vom Geschmack und Geldbeutel der Eltern ab. Bei der Qualität eines Spielzeugs kommt es vor allem auf gute Verarbeitung an und darauf, dass es den Eltern gefällt, und in allererster Linie, dass es dem Kind Spaß macht. Ein noch so „pädagogisch wertvolles“ und ästhetisch ausgewogenes Spielzeug bringt für die Entwicklung gar nichts, wenn das Kind nicht damit spielen mag. Wenn Ihrem Kind also kitschig buntes Plastikspielzeug einfach besser als alles andere gefällt, gönnen Sie es ihm. Guten Geschmack lernt es ohnehin durch Ihr Vorbild.

Dagegen sollten Sie grundsätzlich bei allen gekauften Spielsachen auf die Sicherheit achten. Am besten kaufen Sie Spielzeug nur dann, wenn es das GS-Zeichen für „geprüfte Sicherheit“ hat. Dann hat es in der Regel Kipp-, Belastungs-, Geräuschtests bestanden und entspricht den Bestimmungen der gesundheitlichen Unbedenklichkeit: Speichel- und Schweißechtheit sowie hygienische und mikrobiologische Bestimmungen wurden berücksichtigt.

Baby-Spielzeug sollte ausdrücklich für Babys geeignet sein. Es darf keine Teile haben, die verschluckt werden könnten, es darf sich auch bei gründlicher Untersuchung mit dem Mund keine Farbe lösen usw.

Qualitativ hochwertiges Spielzeug ist zwar oft teuer. Doch es zeichnet sich auch dadurch aus, dass es zu verschiedensten Spielen benutzt werden kann und in der Regel sehr lange hält. Legosteine oder Baukästen mit unterschiedlichen Klötzchen kann das Kind zum Bauen von Straßen, Burgen, Häusern und Fahrzeugen benutzen. So ein Baustein kann aber auch „Essen“ in der Puppenküche sein oder Personen darstellen oder als Auto verwendet werden.

Die Qualität von Spielsachen zeigt sich auch daran, dass sie belastbar sind, nicht so schnell verschleißen und noch an jüngere Geschwister oder Kinder von Freunden weitergeben werden können. Und nicht zuletzt: Das Spielzeug kann immer wieder erweitert werden.

Spielzeug für Ihr Baby

Mobile überm Bett, Spieluhr, Greifring, Babyreck mit Glöckchen und Ringen, Schmusepuppe oder Tier aus weichem Stoff (am besten maschinenwaschbar), Rassel, weicher Stoffball, Beißring, Bade-Entchen.
Babys unterhalten sich auch gern mit einfachen Dingen aus dem Haushalt: weiche Haarbürste, Plastiktassen, kleine Pappschachteln.

Geeignetes Spielzeug ab 1 Jahr

Jetzt wird das Kind mobil und vergrößert seinen Aktionsradius. Ideales Spielzeug ist alles, was sich ziehen, schieben oder rollen lässt und was dem Kind bei der eigenen Fortbewegung hilft: zum Beispiel ein Auto mit Ladefläche, auf das sich das Kind auch setzen kann, ein Nachziehtier, ein größerer Stoff- oder Gummiball. Außerdem jetzt beliebt und „förderlich“: ein großes Plüschtier oder eine weiche Puppe zum Kuscheln; große Bauklötze in verschiedenen Formen und Farben; Becherpyramide oder Ringpyramide zum Stapeln, Auseinanderbauen und Zusammensetzen; zwei, drei reißfeste Bilderbücher; Sandförmchen, Sieb und Schaufel; eine Kindertrommel.
Lieblingsspielzeug aus dem Haushalt: Schachteln, die es aus- und einräumen kann; Küchengeräte wie Rührlöffel, Siebe und Schüsseln zum Stapeln; Tücher, mit denen man „Verstecken“ spielen kann.

Beliebtes Spielzeug ab 2 Jahren

Der Aktionsradius vergrößert sich weiter, die Geschicklichkeit wächst. Dazu braucht das Kind ein Fahrzeug zum Draufsetzen und Herumfahren. Zur Förderungen der Sinne und für erste Rollenspiele: Eine kleine einfache Holzeisenbahn mit vier, fünf Waggons; Spielzeugautos, eine Puppe, ein robustes Stofftier, Spielfiguren wie Tiere aus Holz oder Kunststoff; einfache Steckspiele, große Bau-

Bücher können nie zu viel werden

Babys lieben Bilderbücher. Sie sollten abwaschbar und speichelfest sein. Denn das Kleine „liest“ sie noch mehr mit dem Mund als mit den Augen. Im zweiten Lebensjahr freut sich das Kind über Bilder, die es wiedererkennt. Ein Apfel, eine Birne, ein Baum, eine Ente. Auch jetzt sollte das Buch noch aus kräftigem Material sein, das auch mal in den Mund gesteckt werden kann. Wer mag, bastelt für sein Kind selbst die ersten Bücher. Passend zur Entwicklung gibt es immer wieder neue Bücher. Wird das Kind von Anfang an damit versorgt, wird seine Freude daran auch später nicht schwinden.

Alles, was sich bewegt, macht einem Kleinkind Spaß. Auch ein Hampelmann natürlich. Beim Spielen damit lernt ein Kind aber gleich noch den Zusammenhang von Ursache und Wirkung: Ich ziehe am Schnürchen und die Figur beginnt zu zappeln. Eine weitere tolle Erfahrung: Ich kann etwas bewirken – nämlich, dass sich das Püppchen bewegt, sobald ich an der Schnur ziehe. Ein vielseitiges Spielzeug, so ein Hampelmann.

steine, Spielzeugtelefon, ein Xylophon, Wachsmalkreiden und Papier, Bilderbücher. Sehr beliebt sind jetzt Riesenbilderbücher, in die sich das Kind oft lange Zeit vertiefen kann.
Spielzeug aus Haushalt und Garten: Alle nicht zerbrechlichen Haushaltsgegenstände ohne scharfe Kanten, damit sich das Kind nicht verletzen kann. Eierkartons, Flaschenkorken, Blätter, Kastanien (es muss sicher sein, dass das Kind nichts Ungenießbares verschluckt), Spiegel (es entdeckt sein Ich), Haushaltswecker.

Spielzeug ab 3 Jahren und später

Jetzt entwickeln Kinder schon recht unterschiedliche, individuelle Interessen. Sie haben deshalb auch verschiedene Spielzeugfavoriten und -wünsche.
Die Zeit, in der sich ein Kind allein beschäftigen kann, nimmt zu – besonders, wenn es dafür anregende Spielsachen hat. Hier eine Auswahl: Memory und Bilderlotto; möglichst große Auswahl unterschiedlicher Steckbausteine; altersgemäßes Puzzle (steht auf der Packung, ab wann es geeignet ist); Autos, Bagger, Kran, Holzeisenbahn; Plastilin/Knete, Buntstifte, Wachsmalkreiden, Fingerfarben oder Wasserfarben und dicker Pinsel; reichlich Papier, Klebstoff, Kinderschere; Handpuppen, Puppen und/ oder Stofftiere zum An- und Ausziehen; Bilderbücher mit kleinen Geschichten; für Kinder geeignete Musik-, Hörspiel- und Märchenkassetten oder -CDs (anfangs gemeinsam anhören und das Kind beobachten, ob es sich womöglich erschreckt); Dreirad oder/und andere Fahrzeuge.
Kostenloses Spielzeug: Alte Blusen, Schals, Federn, Hüte, Schuhe, Vorhänge etc. zum Verkleiden. Kinder können für ihre Rollenspiele einfach alles brauchen, also bitte nichts leichtfertig entsorgen, sondern immer erst dem Nachwuchs für seine „Kleiderkiste“ anbieten. Sammelstücke wie Kastanien, Blätter, Tannenzapfen, Steine, Muscheln aus dem Urlaub, Zweige, Stöcke etc.

Etwa ab vier Jahren bekommen Kinder Spaß daran, Spiele auch mit anderen Kindern zu spielen. Da gibt es beispielsweise kniffflige Legespiele aus Holzwürfeln mit unterschiedlichen Oberflächen, mit denen mehrere Kinder aufregende Figuren legen können. Auch sehr beliebt und im Spielwarenhandel erhältlich: Spiele mit Würfeln und Magneten. Oder Spiele, bei denen Zwergenkleidung nach Farben sortiert werden muss – da macht Farbenlernen richtig Spaß. Auch Spiele, bei denen sich etwas bewegt, oder solche, die aus mehreren Komponenten wie Vorlesebuch, Fühl- und Krabbelsack sowie Würfelspiel bestehen, sind bei den Über-Vierjährigen sehr beliebt und trainieren die unterschiedlichsten Fähigkeiten. Gibt es nicht viele Mitspieler in der Familie oder Nachbarschaft, sollte man darauf achten, dass die Spiele bereits ab zwei Personen möglich sind. Die Auswahl solcher Spiele im Handel ist groß.

Bücher, Broschüren, Adressen

Bücher:

- Cremer, Monika / Rieper-Bastian, Marlies: Probier mal! Das Spiel-Spaß-Kinderkochbuch, Annette Betz Verlag 2004
- Kavanagh, Wendy: Sanfte Berührung für Ihr Baby, Urania Verlag 2006
- Krenzer, Rolf: Spannenlanger Hansel, Kontakte Musikverlag 1996
- Pighin, Gerda: Die besten Förderspiele von 0 bis 6 Jahren, Urania Verlag 2005
- Scheffler, Ursel / Timm, Jutta: Mein Märchenkochbuch, ars edition 2003
- Stoppard, Miriam: So fördere ich mein Kind, Urania Verlag 2002
- Ulrich, Manfred (Hg.): Lass uns singen und springen! Urania Verlag 2005
- Ulrich, Manfred (Hg.): Die schönsten Kinderlieder rund ums Jahr, Urania Verlag 2006
- Velten, Heidi / Walter, Bruno: Harmonische Babymassage, Urania Verlag 2003
- Wieke, Thomas: Rille, ralle, Gürtelschnalle, Urania Verlag 2006

Broschüren:

Kostenlose Broschüren von der Bundeszentrale für gesundheitliche Aufklärung (Bestelladresse: BZGA, 51101 Köln, www.bzga.de):

- Unsere Kinder – Eine Broschüre für Eltern mit Kindern von 2 bis 6 Jahren
- Kinderspiele – Anregungen zur gesunden Entwicklung vom Baby bis zum Kindergartenkind
- Gesundheitskalender – U1 bis U9.

Hier finden Sie nützliche Adressen

- *Berufsverband der Kinder- und Jugendärzte e. V.*
  Mielenforster Str. 2
  51069 Köln
  www.kinderaerzte-im-netz.de
- *Deutsches grünes Kreuz, Forum Unfallprävention*
  Schuhmarkt 4
  35037 Marburg
  www.dgk.de
- *Deutscher Kinderschutzbund e. V.*
  Hinüberstr. 8
  30175 Hannover
  www.kinderschutzbund.de
- *Die Kinderschutzzentren*
  Bonner Str. 147
  50968 Köln
  www.kinderschutz-zentren.org
- *Verband alleinerziehender Mütter und Väter*
  Hasenheide 70
  10967 Berlin
  www.vamv.de
- *Spiel gut, Arbeitsausschuss Kinderspiele + Spielzeug e. V.*
  Neue Straße 77
  89073 Ulm
  www.spielgut.de
- *Naturschutzbund Deutschland (NABU)*
  53223 Bonn
  www.nabu.de

Register

Ein echter Spielespaß für Groß und Klein!

Gerda Pighin
Die besten Förderspiele von 0 bis 6 Jahren
So unterstützen Sie die Fähigkeiten Ihres Kindes
160 Seiten, Paperback
ISBN 3-332-01706-3
ISBN 978-3-332-01706-9

Kinder lieben Spiele, und Spiele fördern die Entwicklung von Kindern. Kompetent und leicht verständlich erklärt der liebevoll illustrierte Ratgeber die kindlichen Entwicklungsstufen bis zum 6. Lebensjahr und stellt die besten Förderspiele für die jeweiligen Entwicklungsphasen vor. So können Eltern und Erzieher mit Finger-, Klang- und Geschicklichkeitsspielen die motorischen, geistigen und sozialen Fähigkeiten der Kleinen optimal fördern.